기존사회 질서에서
새로운 세계의식으로

기존사회 질서에서 새로운 세계의식으로

지은이 길경숙
인쇄일 초판1쇄 2008년 1월 28일
발행일 초판1쇄 2008년 2월 4일
발행처 국학자료원
등록일 제324-2006-0041호

발행인 정구형
편 집 박지혜, 이초희, 김나경, 심근영
총 무 한미애, 박지연
물 류 김혜선, 김종효

서울시 강동구 성내동 447-11 현영빌딩 2층
Tel 441-1762, 442-4623,4,6
Fax 442-4625
www.kookhak.co.kr
kookhak2001@hanmail.net

ISBN 978-89-6137-314-2 *93080
가 격 18,000원

저자와의 협의하에 인지는 생략합니다.

기존사회 질서에서 새로운 세계의식으로

-강신재 소설을 중심으로-

길경숙 지음

국학자료원

차례

Ⅰ. 연구사 검토

　강신재는 1949년 「얼굴」과 「정순이」를 『문예』 誌에 발표하면서 등단했다. 등단 후, 1950년대에는 단편 소설에 주력하여, 「분노」(1949), 「안개」(1950), 「관용」(1951), 「눈물」(1952), 「회화」(1958), 「여정」(1959) 등의 40여 편의 단편을 내놓았고, 1960년대 이후에는 「청춘의 불문율」(1960), 「임진강의 민들레」(1962), 「이 찬란한 슬픔을」(1966), 「오늘과 내일」(1967), 「파도」(1970), 「젊은 느티나무」(1970) 등의 중·단편소설을 내놓았다. 이후, 「사도세자빈」(1981), 「소설 신사임당」(1985), 「명성 왕후」(1991) 등 역사소설을 발표하면서 많은 양의 작품을 발표한 바 있다.

　초기 단편에서 역사 소설에 이르기까지 강신재의 일관된 관심은 사회의 현실적의 가치와 대립되는 여성의식에 초점을 맞추고 있다. 역사적·사회적 사건들에 있어서 대부분의 여성들이 주체적인 인물로 그려지고 있지는 않지만, 여성들은 지배적 가치에 대립하며 새로운 가치에 대한 의식과 열망을 보여준다.

　그러나 강신재 소설에 대한 논의는 감각적 기법의 차원에서 논의[1]되는 한

---

1) 문체적, 기법적 측면의 논의는 여성적 체험을 부정적으로 바라보며 여류적 현실의 협소함을 전면에 두고 강신재 소설을 평가함.
― 고은은 강신재를 <여성의 작가>로 규정하여 여성을 숙명적으로만 해석하거나 의식의 범주에서 이탈하는 것을 비극적으로 진혼하는 작가라고 평가한다. 고은, 「실내작가론」, 『월간문학』,

계를 보였으나 점차, 여성적 체험에 주목한 논의2)와 함께 사회적, 역사적 변동을 객관적으로 서술한 그의 소설들에 대한 탐구가 이루어지기 시작했다.3) 이러한 현상은 강신재 소설의 미학적 특징 속에 가려져 있는 사회적 문제가 재인식되면서 그의 소설의 위치와 의미가 재발견되는 것을 뜻한다. 그러나 이와 같은 많은 논의가 사건의 플롯과 인물들의 심리현상을 좀더 깊이 해석하지 못한 한계를 지니고 있다.

따라서 본 논의는 강신재 소설의 특징이라 할 수 있는 감각적인 문체의 비

1969, 11, 151면.
— 구인환은 강신재의 문체가 독자로 하여금 박진감을 느끼게 하며, 특히 외래어와 감각어의 사용은 대상을 섬세하면서도 사실적으로 파악할 수 있게 한다고 하였다. 그러나 강신재를 단지 '인간의 운명이나, 피해 입은 여인상을 리얼하면서 감각적인 표현으로 형상화'하는 작가로만 인식한다. 구인환, 「한국 현대여류작가의 기법」, 『아세아여성연구』, 1970, 172~179면.
— 조연현은 강신재의 두 번째 창작집 『여정』을 통해, 강신재의 문학정신을 '좋게 말해서 다양성이 많은 작가요, 나쁘게 말해서 정신의 방향이 일정해 있지 않은 작가'라는 평을 한다. 그는 강신재가 여류작가들 중에서는 가장 문학적인 역량이 세련되었다고도 평가하는데, 이는 강신재의 기교적 측면에 초점을 맞춘 것이다. 조연현, 「강신재 단상」, 『현대문학』, 1960, 2, 94~96면.

2) 강신재 소설에 드러난 여성의 현실을 긍정적으로 수렴하면서 여류문학의 장점과 특징을 논의함.
— 강인숙은 여성 작가들의 '안방 중심의 문학'이 동시에 '심리묘사의 문학'임을 강조하며, 이러한 의미에서 강신재가 '단편소설이라는 제한된 용기 속에 선명한 심리의 투시도를 그려 넣는 명수'로서 한국 심리소설의 대표적 작가라고 평한다. 강인숙, 「한국현대여류작가론」, 『현대문학』, 1968, 355~357면.
— 김주연은 강신재를 '한국의 현실을 지성적으로, 가장 문학적으로 처리하고 있는 우수한 리얼리스트'로 평하며, 대상을 묘사함에 있어서 일정한 거리를 두고 관찰함으로써 감정적 요소를 배제한다는 점에서 그의 소설을 높이 평가한다. 김주연, 「한국현대여류작가론」, 『현대문학』, 1988, 1, 351~355면.
— 정규웅은 주인공이 여성이든 남성이든 문제가 되지 않는 것처럼 작가도 여성이든 남성이든 문제가 되지 않는다고 전제한 후, 작가의 성별에 근거하여 작품의 스케일과 사상의 깊이를 논하게 되는 고정관념에서 탈피하고자 한다. 그는 강신재 문학이 주제의 다변화, 주제의 암시성으로 인해 독특한 세계를 형성하고 있음을 주목하였다. 정규웅, 「내밀한 조화의 세계」, 『문학사상』, 1975, 1, 385~392면.

3) 기존의 연구 방향과 달리 강신재 문학을 포괄적으로 이해하고자 노력하였다는 평가를 받음.
— 양윤모는 강신재가 작품 속에서 전쟁의 참혹함이나 비인간성을 고발하려고 한 것이 아니라, 인간이 전쟁으로 인해 겪게 되는 삶의 변화를 제시하고 했음을 설명한다. 양윤모, 「전쟁과 사랑을 통한 현실인식」, 『1950년대의 소설가들』, 나남, 1994, 359~376면. — 김종욱은 작가의 관심이 인간의 근원적 소외와 고독을 불러일으키는 모습에 있으며, 그 근본적 이유를 가족 혹은 연인과의 관계의 절대성에서 찾는다. 그는 강신재의 단편소설의 완결성을 제시하면서, 강신재가 단편의 형식을 통해 전후의 한국적 현실을 예리하게 직시하고 있다고 평가한다. 김종욱, 「황량한 날에도 꿈꾸는 낭만적 사랑」, 『젊은 느티나무』, 소담, 1994, 325~335면.

상함속에 가려진 채 드러나지 않은 주제의식을 플롯 속에서 찾아내어 그 의미를 새롭게 발견하는 데 목적이 있다. 이 때 밝혀지는 인물의 심리적 현상은 새로운 세계로 향하는 여성적 의지의 표상과 조짐을 조심히 드러내게 된다.

강신재 소설은 표면상으로 읽을 땐 전통질서나 가부장의 권력에 직접적으로 도전하거나 고뇌하는 모습을 보여주지 않는다. 소재적인 측면에서도 한 여성이 가난한 생활로 인해 미군과 동거생활을 하고 중절수술을 하는 등 전쟁직후의 소재가 등장하고 있음에도 그 소재가 안고 있는 주제만큼 절박하게 다가오지 않는다.

이러한 까닭은 강신재 소설은 6·25라는 시대적 배경과 걸맞지 않게 매우 감각적, 도시적인 느낌을 주기 때문이다. 전쟁이라는 기존의 질서의 붕괴를 암시하는 혼란과 새로운 사회질서를 확립해나가야 하는 사회적 분위기속에서 감상적인 자기인식이란 하나의 사치와 향락에 지나지 않게 여겨질 수 있다.

그러나 강신재 소설의 미학적 특징은 가부장적인 제도와 윤리를 재생산하는 지배담론에 일방적으로 포획되지 않는, 그 경계를 위협하는 탈주의 잠복된 힘을 보여주고 있다.4) 이러한 탈주의 잠복된 힘은 기존 사회의 질서와 억압된 규범과 대립되며 여성적 자아의 정체성을 회복하는 방식으로 변모한다.

여성이 여성 스스로의 정체성을 찾아 나가기 위해서 기존 사회의 질서의 문제점을 파악해야하고 새로운 세계질서를 향하여서 나아가야 하는데, 그러기 위해서는 기존의 질서가 먼저 무너져야 하는 전제조건이 따른다. 강신재 소설은 주로 6·25 전쟁이라는 특수한 상황 하에 한 여성이 현실에 어떻게 대응해나가는지에 대한 현실적 대응양상과 정체성을 찾는 여성의식에 논의의 초점이 맞춰졌다. 따라서 전쟁이라는 특수한 사회적 배경은 기존의 질서가 무너짐과 동시에 여성에게 새로운 질서를 찾게 만든다. 이 때, 5·60년대는 정

---

4) 송인화, 「1960년대 여성소설과 '낭만적 사랑'의 의미」, 『여성문학연구 제11호』, 한국여성문학학회, 2004, 232면.

치적, 사회적인 면에서 새로운 가치와 질서를 향하여 나아가는 과도기로 노정 된다.

새로운 세계에 대한 의지는 기존의 전통적 가치관과 새로운 가치관의 대립, 가부장적 남성의 태도와 자신의 세계를 찾아나가는 여성의 대립의식, 파행적인 권력구조와 죽음의식, 결핍된 욕망과 사랑의 관계 등에서 표출될 수 있다. 이러한 논의는 강신재 소설이 근대와 현대의 과도기라는 시기적 사회적 노정기에 있으므로 현대문학을 이루는 근간이 될 수 있음을 밝혀내는 의의를 지닌다.

Ⅱ. 강신재 소설연구를 위한 문제인식

　　강신재 소설은 50·60년대 사회적 분위기를 해체적으로 그려준다. 그녀의 소설 전편에는 해체의식으로 노정되는 여러 가지 징후들이 곳곳에 나타난다. 이러한 징후는 그녀의 단편, 장편소설에서 드러난다. 그러나 강신재 소설은 80년대부터 써온 역사소설에서도 그 해체적 의미를 드러낸다. 역사소설에 나타난 죽음의식은 강신재 소설을 이해하는 커다란 모티브로 작용할 수 있다. 즉 단편, 중편 소설에 노정되는 해체의식은 역사소설에 일관적으로 나타난 해체와 죽음의식을 통해서 더욱 뚜렷하게 분석될 수 있기 때문이다.

　　강신재 소설 전편에는 드러나는 해체의식은 지배질서와 가치관에 대립하는 여성적 자아의식에 초점이 맞춰져있다. 그러나 강신재 소설에 대한 논의는 대부분 섬세한 감수성과 감각적인 문체에 초점이 맞춰져있다. 강신재는 감각적인 문체로 5·60년대 여류 소설가로 자리매김이 되어왔지만 그 시대적, 사회적 배경과 연관시켜 논의되지 못하는 한계를 지니고 있다.

　　우리 사회는 6·25 사변을 기점으로 해서 많은 변화를 겪어왔다. 근대화에서 현대화로 진입해가는 과정에서 전통적 가치관의 와해가 이루어졌고 폐허가 된 현실을 극복하기 위해 난제가 큰 숙제로 남아있었기 때문이다. 이러한 사회적 혼란은 곧 최소한의 사회적 형식인 가정의 해체를 가져왔고 가정의 파탄문제는 곧 개인의 자아상실로 이어졌다. 또한 혼란스런 사회적 문제를 해결해나가는 과정에서 한 개인의 자유와 권리는 무시될 수밖에 없었고 어떠한 사회적 보장도 받지 못한 채 나락으로 전락될 수밖에 없는 현실에 처해졌다. 이러한 현실에서 가장 큰 피해를 본 위치는 사회적 약자로 치부되는 여성이라고 할 수 있다. 전통적 가치관에 묶여있는 상태에서 사회적 혼란을 맞이하고 그러한 상황을 극복해야하는 문제가 여성에서 짊어져진 것이다. 따라서 사회적 혼란과 맞물린 여성적 혼란은 급기야 사회적으로 타락해가고 더욱 소외되어가는 계층으로 자리 잡게 되었다. 여성의 문제는 50년대를 전후해서 지속적으로 이어져왔다. 그만큼 우리 사회는 여성의 지위와 위치에 대해 무관심하고 그 권리에 대해 의미를 두지 않았기 때문이다.

우리문학의 역사는 50년대와 60년대는 중요한 의미를 지니고 있다. 5·60년대는 6·25 전쟁을 겪는 고통스런 과정을 경험해야 했고 그 결과 그 폐허와 같은 현실이 우리 사회 앞에 기다리고 있었기 때문이다. 우리사회는 이러한 폐허적 현실에서 새롭게 현대화로 진입해 나가는 과정에서 정치적으로 사회적으로 많은 마찰과 갈등을 야기했다. 전쟁의 결과와 새로운 현대화의 진입과정으로 모든 사회구성원들이 감수해야 하는 고통은 컸지만, 무엇보다 사회적 질서가 함몰된 혼란된 상황 속에서 큰 혼란과 고통을 경험한 사회적 지위는 사회적 체제 속에서 약자일 수밖에 없는 여성의 위치였다.

그러므로 21세기를 지나고 있는 현대화의 시점에서 여성의식과 관련해서 5·60년대의 시대상을 논의하는 의의는 작지 않다. 5·60년대를 거치면서 우리나라의 전통적인 가치관은 와해해갔고 현대화의 방향이 자본주의체제로 편향해가면서 여성들은 더욱 많은 혼란과 질곡을 겪어야 했기 때문이다. 따라서 5·60년대의 사회적 혼란상에 대한 여성적 인식 탐구는 현 자본주의 체제에 대한 뿌리와 근원을 이해할 수 있는 하나의 판로가 될 수 있고 현 시대를 비판할 수 있는 요소를 제공한다.

전쟁 전이나 전쟁 후에도 여성이 사회적 활동을 해나가는 것을 부정적으로 개입하고 규제하는 양상을 보인다. 전쟁이란 특수한 상황 속에서 여성이 감내해야하는 무게는 누구보다 크다고 할 수 있다. 무엇보다 여성을 성적인 대상으로 인식하는 기존사회의 편향된 인식은 생활을 책임져야 하는 절박한 현실 앞에서 여성을 성적으로 타락하게 하는 큰 요인으로 작용한다. 그러나 사회적 혼란을 경험하며 자신의 책무를 다하는 여성은 자신과 세계를 바라보는 관점에서 조금씩 고민을 하고 혼란을 경험해야한다. 이러한 혼란은 자신이 가지고 있던 관념의 허와 실을 이해하고 자아에 대한 의식을 새롭게 설정하기는 요구한다. 따라서 세계에 대한 새로운 의식은 기존의 수동적 태도에 머물게 한 사회적 체계와는 대립되는 특성으로 새로운 세계를 향해 나아갈 수 있는 가능성을 제시해준다.

기존의 관습적 질서에 머물러있지 않고 자신의 정체성에 대해 생각하며 고민하는 과정은 새로운 세계로 향하는 여성의 심리적 태도가 어떤 방식으로 인식되어 나타나는지 깨닫게 한다. 이러한 사회적 관습은 먼저 6·25전쟁이라는 이념이 빚어낸 특수한 상황 속에서 여성들이 갖는 이념적 특징을 탐구할 필연성을 제공해준다.

강신재 소설에서는 어떤 이념화된 여성이나 철저한 사회의식을 지닌 여성이 존재하지 않는 이유는 사회구조적으로 여성이 넘을 수 없는 한계에 부딪쳤기 때문이라고 생각한다. 그러나 그 당시의 이념과 그것을 이끌어나가는 주체가 남성이라는 생각이 미쳤을 때, 이념을 지키는 것에 적극적으로 몸을 던지는 남성들과 이념이 갖는 의미를 표면적으로만 이해하고 그 한계를 넘어서지 못하는 여성들의 모습은 크게 양분화 되어 나타난다. 따라서 이렇게 대립된 구도로 나타날 수밖에 없는 사회적 의미를 고찰하는 것은 기존 질서에서 여성이 갖는 수동적인 위치와 역할을 깨닫게 한다. 그러나 남성이 한가운데 서있는 사회의 중심에서 강신재 소설에 나타난 여주인공들은 남성들이 만들어낸 사회적 구도를 깨고 다른 세계를 지향한다. 기존의 남성들과는 다른 방향을 지향하는 여주인공들의 의식은 곧 기존 사회에 대한 혐오를 드러내고 새로운 가치와 질서를 향하여 나아가고자 하는 의식의 변화를 드러낸다.

남성(父)의 부재와 그 역할을 감당하는 여성상은 여성의 위치와 역할의 변화를 의미한다고 할 수 있다. 그러나 이러한 여성의 위치와 역할의 변화는 시대적 모순과 맞물리면서 새로운 자아상을 확립해나가는 과도기적 노정을 드러낸다.

강신재 소설에서 이러한 변화와 움직임은 먼저 한 가정의 가장이라 할 수 있는 아버지와 남편을 나약하게 그리는 것으로 나타난다. 어디에도 강하게 드러나지 않는 아버지상은 아버지로 상징되는 기존세계의 질서가 와해되었음을 나타내고 새로운 세계를 지향하는 것으로 해석될 수 있다. 강신재 소설에 나타난 여성들은 나약한 아버지와 남편에 대해서 강하게 반감을 표현하거나 도전하지 않는다. 단지 그것을 조용히 받아들이지만 그러한 세계에서 벗어나기를 의지한다. 나약한 아버지상은 여성의 자기 정체성에 대해 의식의 변화와 움직임을 나타내준다. 나약한 아버지상을 통해 드러내고자 하는 것은 기존 세계의 질서와 가치관에서 벗어나고자 하는 하나의 표상이 될 수 있다.

강신재 소설에는 6·25라는 시대적 배경을 조명한 탓도 있지만 대부분의 남성들이 죽는 모습으로 나타나거나 살아있다 하더라도 나약한 남성상에서 벗어나지 못한다. 그러나 강신재 소설에서 남성이 차지하는 비중은 상당히 크다. 강신재 소설 전반에 흐르고 있는 여성 정체성의 문제는 가족관계와 사회적 격변기가 가지고 있는 혼란상, 자본주의적 가치와 깊이 연관되어 있기 때문이다.

그러므로 강신재 소설에 드러난 여성의식은 소설에 등장하는 남성상과 그 의미를 깊이 탐색할 때 좀더 깊이 고찰할 수 있다. 소설에 등장하는 남성상은 그에 종속되어오던 여성의식이 어떻게 변모해 나가는지에 대한 의미를 찾게 해준다. 이렇게 남성상에 대한 고찰은 기존 남성세계에 대한 비판과 함께 여성이 지향하는 새로운 세계에 대한 방향을 보여줄 것이다.

가족관계안에서 갖게 되는 여성상은 가족관계 안에서 남성의 역할과 변모된 위치를 이해하고 그것을 토대로 바뀌어진 여성의 역할을 이해하는 방식할 때 해석 되어질 수 있다.

남성의 위치와 시대에 따라 변모된 역할에 대한 연구는 가족 관계 안에서 차지하는 여성의 위치와 역할 변모를 가늠하게 하고 여성의 자기 정체성을 찾는데 큰 도움이 될 수 있기 때문이다. 가족관계안에서 여성의 역할과 기능은 남성의 위치에 의해 크게 좌우된다. 전통적인 가족체제에서 남성의 역할은 여성이 절대적으로 의지해야 하는 존재이다. 그러나 절대적인 지배 권력을 행사한 남성의 역할은 현대에 들어서면서 크게 변모한다. 그러므로 사회적 혼란을 반영하는 남성상은 전쟁을 배경으로 수없는 혼동과 혼란 속에서 남성의 인식변화와 역할 변모를 가져온다.

사회적 격변기속에서 남성의 역할 변화는 여성의식의 변모를 가져온다. 여성에 대한 의식의 변모는 구체적으로 남성이 지향하는 의식과 다르게 나타난다. 남성의 역할변화에 대한 검토는 여성의 역할도 크게 변모시킴으로써 변화하는 여성의 근본적 의미를 이해할 수 있게 한다. 사회적 격변기 속에서 여성이 경험하는 현실과 그 속에서 여성적 자아가 추구하는 세계의 의미는 여성의 정체성연구에 구체적으로 도움을 줄 것이다. 여러 유형의 남성상을 이해하고 아울러 여성의 변모된 역할과 의식을 해석하는 것은 강신재 소설에 나타난 여성의식을 좀더 깊이 있게 다룰 수 있다.

또한 강신재 소설의 특성을 이해하는 주요한 주제로 자본주의와 욕망의 문제를 들 수 있다. 강신재 소설은 전쟁을 기점으로 근대적 가치관과 현대적 가치관이 양립한다. 전통적인 가치관과 다른 양상으로 차별과 소외를 가져오는 자본주의적 물질적 가치관 앞에서 함몰하는 남성과 여성의 가치관은 크게 변모한다. 자본주의적 물질적 욕망에 물든 남성상에 대한 해석은 자신의 욕망에 굴복한 남성상으로 나타날 수 있는데 이러한 가치관의 혼란은 여성적 자아 또한 욕망적 인물로 변모시킨다.

강신재 소설에는 여성들은 기존의 가치관이 지배되는 억압된 사회 환경 속에서 폐허, 궁핍을 이겨내기 위해 희생이 되어야 한다. 그러나 여성들은 전쟁으로 인해 받게 되는 피해의 희생양이 되면서, 동시에 선택의 여지가 없는 타락한 방식의 삶을 강요받는다.

그러나 강신재 소설에 등장하는 여성상은 희생양의 구도를 가진 것 뿐 아니라, 이기적인 마음과 향락적인 모습 등 매우 다양하게 나타난다. 이러한 여성상은 그 시대가 안고 있는 가족관계의 해체와 사회적 혼란, 물질적 가치관과 결부시켜 논의할 때 그 의미를 발견할 수 있다. 이러한 혼란스런 사회상 안에서 여성이 짊어져야 하는 몫은 여성의 정체성 찾기와 맞물려 다양하게 변종된 모습을 보여준다. 따라서 강신재 소설에 등장하는 여성상은 그 시대에 팽배한 이념적 의미와 그 사회적 의미를 함께 조명한 때 해석될 수 있다.

마지막으로 강신재 소설을 이해하는 주요 단서는 여성적 자아가 추구하는 사랑의 방식이라고 할 수 있다. 따라서 강신재 소설은 주로 6·25 전쟁이라는 특수한 상황 하에 한 여성이 현실에 어떻게 대응해나가는지에 대한 현실적 대응양상과 정체성을 찾는 여성의식에 논의의 초점이 맞춰져 있다. 정치, 사회적으로 혼란했던 전후시대부터 현대화로 진입해가는 과정에서 사회적 혼란 속에서 갖게 되는 여성적 자아상과 사랑의 의미는 깊이 연관되어 있기 때문이다. 그것은 사랑의 방식 속에 기존의 가치관과 자아상이 반영되어 나타난다. 동시에 사랑의 방식은 하나의 인간이 스스로를 어떻게 느끼고 인지하는지를 보여준다. 여성에게 남성은 사랑해야할 대상임과 동시에 온전한 방식의 사랑이 이루어지지 못할 때엔 극복의 대상으로서 여성의 자아 찾기 과정과 연관시켜 논의될 수 있다. 따라서 사랑의 방식은 곧 자아 찾기 과정의 일환으로 해석될 수 있다.

강신재 소설에 나타난 사랑의 방식은 그 시대적 혼란을 반영한 특성이 강하다. 또한 매번 등장하는 사랑은 결국 배반과 죽음, 또는 억압된 사랑으로 돌아오는데, 이러한 사랑의 방식에 주목하여 사랑의 지향성을 찾아나간다면 사랑을 경험한 자아가 기존의 사회를 어떻게 바라보며 또 어떠한 세계를 지향하는지 인식할 수 있게 할 것이다.

또한 가족관계와 사회적 혼란과 자본주의적 가치관 혼란에서 겪게 되는 사랑의 방식에 대한 탐구는 여성이 남성을 바라보는 구체적인 인식을 가늠하게 한다. 따라서 가족관계안에서 변모되는 여성의 역할과 함께 사랑의 방식에 주목함으로써 좀더 세밀하게 변모되는 여성의 인식변화와 그 의미들을 함께 검토할 수 있다. 또한 사랑의 의미해석은 사랑이 지향하는 의식 뒤에 숨겨진 여성의 정체성 인식에 깊이 도달할 수 있다고 생각한다.

위의 방식으로 여성의 의미를 가족관계안에서, 사회적 혼란배경에서, 욕망적 관계의 형식과 사랑의 방식의 관점으로 바라보는 것은 강신재 소설에 나타난 여성인식에 좀더 구체적으로 다가가게 할 것이다. 이러한 논의는 기존의 편향적인 논의에서 벗어나 전쟁 전후의 공백 상태 속에서 강신재 소설이 갖고 있는 과도기적 의미를 밝혀내고 강신재 소설을 현대여성소설의 근간으로 자리매김 할 수 있는 커다란 의의를 갖고 있다고 할 수 있다.

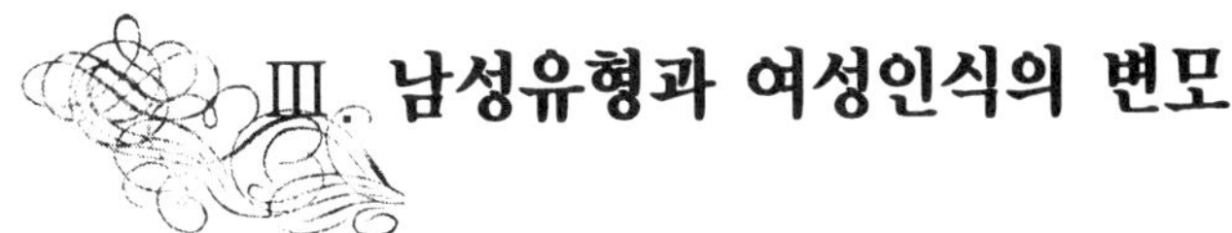

Ⅲ. 남성유형과 여성인식의 변모

강신재 소설은 가부장적 가족관계[1]에 대한 여성적 사회적 인식을 기초로 서술된다. 여성의 사회적 인식은 남성과의 관계에 대한 성찰이 먼저 이루어진다. 남성과의 관계는 여성이 지배사회의 허구를 인식할 수 있는 일차적인 형태가 될 수 있기 때문이다. 여성은 남성과의 관계를 통해 가정과 사회 안에서 놓여있는 여성의 불합리한 위치를 깨닫게 된다. 여성적 자아의 문제인식과 회복의 문제는 곧 기존사회 체제에서의 일탈을 의미한다. 기존 지배사회의 가치에 대한 불복종과 일탈은 기존 사회체제의 해체와 전복성[2]을 전제로

---

1) 가부장적 가족형태는 본질상 몰주권적·비인격적인 <목적>에의 봉사의무나 추상적인 규범에 대한 복종에 의한 것이 아니다. 이와 정반대로 인격적인 恭順關係를 바탕으로 한다. 가부장제 지배구조의 싹은 가족공동체의 내부에 있어서 가장의 권위에 있는 것이다. 그러나 가장의 개인적 권위에 의한 지위는 그 존립이 항구적이며 <일상적 성격>을 가진다는 점에서 몰주관적인 목적에 봉사하는 관료제 지배와 공통의 성격을 띠고 있다. 이 양자를 내면적으로 지탱하는 것은, 결국 관료제적 지배의 경우에는 합리적으로 만들어져 추상적인 합법성에 대한 감수성에 호소할 뿐 아니라 또는 기술적인 훈련에 기인하고 있다. 이와 반대로 가부장제 지배의 경우에는 규범은 <전통>, 즉 옛부터 관습으로 내려오는 것을 깨뜨릴 수 없다고 만든 신념에 기인하고 있다. 가부장적 지배는 首長에 대한 개인적인 복종이 수장에 의해서 제정된 제 규칙의 정당성을 보장하고 있다. 다만 그가 수장의 권력을 갖는다는 사실과 이 권력의 한계만은 그 자체 <규범>에서 유래하지만 이 규범은 제정된 규범이 아니라 전통에 의해서 신성화된 규범이다. 막스 베버, 『支配의 社會學』, 한길사, 1981, 73면.

2) 미학과 정치학에서 사용되는 해체의 방법 중 하나로 전복·대화·차연을 들 수 있다. '전복'이란 지배의 안정화를 꾀하는 권력을 해체해 숨겨진 반항력을 드러내는 방법이다. '권력'이 반항력을 억압해 안정된 동일성의 체계를 유지하려는 작용력이라면, '힘'은 그 체계 밑에 숨겨져 있는 지

이루어진다. 따라서 여성의 사회적 인식문제는 여성적 자아 회복과 새로운 사회체제를 지향하는 강한 의지를 내포한다.

1) 남성의 부재와 여성의 주체성

강신재 소설에 나타난 이질적인 남성상과 주체적인 여성상은 서로 대립되며 반목의 과정을 되풀이하면서 지배체계의 동일성을 유지하려는 전통적 세계의식과 그것을 전복하려는 새로운 힘의 작용으로 반목된다.

강신재 소설에서는 전통적인 남성의 해체와 함께 새로운 남성상인 이질적인 남성상이 등장한다. 전쟁의 결과로 남성의 부재와 해체를 경험하면서 가정에서의 아버지의 자리와 남편의 자리는 부재의 상태이다. 따라서 남성의 부재 공간에는 새로운 이질적인 남성이 등장하게 된다. 그러나 이질적인 남성의 역할은 그 위치와 역할에서 지극히 축소되어 경제적인 문제를 해결하는 역할로 한정된다. 이질적인 남성상은 문화와 생활 태도에서 전통적인 남성상과 다르게 나타난다. 이질적인 남성상은 각각 새 아버지나 동거하는 미군병사로 나타난다. 전쟁이라는 사회적 혼란과 격변기속에서 아버지의 의미와 남성의 역할은 이전과 다른 모습으로 변모한 것이다. 가정에서의 아버지의 역할을 더 이상 생활의 모든 영역을 간섭하거나 통제하는 형식으로 나타나지 않는다.

가족관계에서 이질적인 새 아버지의 모습은 「젊은 느티나무」3)에서 찾아볼

배력 — 반항력이라는 '차이적' 관계의 세력들이다. 권력(지배력)은 힘의 관계에서 우위에 있음으로써 지배체계의 동일성을 유지한다. 그러나 동일성 체계는 그런 안정을 구축하는 대가로 다양한 힘들이 운동하는 역사의 장으로부터 유리된다. 반역사적이라는 이 동일성 체계의 약점을 이용하여, 권력을 해체하고 억압된 반항력을 드러내는 것이 바로 전복의 전략이다. 나병철, 『모더니즘과 포스트모더니즘을 넘어서』, 소명출판, 2001, 297면.

3) 강신재, 「젊은 느티나무」, 『젊은 느티나무』, 민음사, 1995.

수 있다. 숙희의 새 아버지로 등장하는 무슈리는 대범한 성질이어서 만사를
복잡하게 받아들이지 않는 인상을 준다. 그는 그저 미소를 띠고 숙희와 현규
를 바라다볼 뿐이었다. 무슈리는 숙희에게 '숙희'라고 쉽고도 간단하게 부르
기도 하고, '헤이 숙' 이라고 자유분방함이 지나칠 만큼 무조건 관대하게 대
해 준다.

> 그는 엄마에게 예절 바르고 친절하고, 무슈 리는 내가 건강하고 행복스런
> 얼굴만 하고 있으면 어느 때고 지극히 만족해하고 있다. 그는 어느 사립대
> 학의 경제학 교수인데 약간 뚱뚱하고 약간 호인다워 보인다. 불란서와 아
> 무 관계도 없는 그를 무슈라고 내가 속으로 부르고 있는 까닭은 어느 불란
> 서 영화에서 본 한 불쌍한 아버지의 모습과 그가 닮아 있기 때문이다. 무슈
> 리는 불쌍하지는 않다. 오히려 지금은 참 행복하다. 그러나 이렇게 호의덩
> 어리 같은 사람은 자칫하면 — 주위가 나쁘면 — 엉망으로 불행해질 것같이
> 보이는 것이다. — 무슈리가 요즘 외국을 여행 중인 것은 내게는 하나의 구
> 원과도 같다. 아침마다 행복 그것 같은 얼굴로 인사를 하지 않아도 좋고 저
> 녁마다 시간에 식당에 내려가지 않아도 좋기 때문이다.[4]

무슈리는 숙희에게 관대하고 큰 호의를 베풀어준다. 그러나 숙희는 무슈리
가 외국 여행 중인 것이 하나의 구원과 같이 여겨지는 것처럼 가까운 존재가
될 수 없다. 또한 한국인임에도 호칭을 무슈리고 부른 것에서 숙희는 새 아버
지를 낯설어하고 이질적인 존재로 받아들이고 있다. 새 아버지의 존재는 숙
희의 자아와 사랑에 어떠한 역할을 하지 않는다. 그러나 새 아버지의 존재는
친아버지에게 갖는 감정에서 크게 다르지 않다. 친아버지의 존재는 부재의
상태로 아무런 지식도 관심도 감정도 가질 수 없는 존재이기 때문이다. 친아
버지는 숙희가 어렸을 때 이미 어머니와 별거를 하고 있었고 그 사이에 사별
한 것이다. 숙희에게 친아버지의 존재가 어떤 영향력도 주지 못하는 것처럼

---

4) 위의 책, 19~20면.

새 아버지 또한 숙희에겐 어떤 존재감도, 영향력도 주지 못한다. 따라서 숙희에게 이질적인 새 아버지에 대한 의미는 전통적 아버지의 부재의 기표라고 할 수 있다. 전통적 아버지의 부재는 새로운 아버지상인 이질적인 아버지로 거듭되어지나 그 속에는 여전히 어떤 의미도 담보하지 못한다. 이러한 아버지의 부재는 곧 이성의 대상인 남성과의 관계에서 상징적 질서5)의 경계를 무너뜨리는 결과로 이어진다.

숙희는 새 아버지 집에서 살면서 새 아버지 아들인 현규를 사랑한다. 숙희 생활에 어떠한 영향도 주지 못하는 존재감 없는 아버지의 자리는 숙희가 현규를 사랑하는데 어떤 제재도 가하지 못한다. 아버지의 존재나 제재가 없는 상태에서 이루어지는 금지된 사랑은 사회적 자아를 어느 정도 억압하지만 사랑을 포기할 정도로 영향력을 주진 못한다.

이 때 현규가 제안하는 해결책은 기존에 존재하고 있는 전통적 체제와 권위를 와해시키는 방법이 아니다. 현규와 숙희가 사랑을 이루는 방법은 기존의 전통적 체제에 대립하거나 와해시키는 것이 아니다.6)

---

5) 이 때 상상적 자아는 상징적 아버지가 등장으로 욕망을 억압당한채로 상징계로 진입한다. 상징계는 사회적 상징, 문화적 상징을 포함하는 일체의 상징과 상징적 체계들의 기능과 관련된다. 이때 자아는 사회 속에, 문화 속에 가입되고 언어활동의 세계에 들어간다. 주체가 자신의 욕망과 감정을 나타낼 수 있는 것은 이 언어를 통해서이고 주체가 재현되거나 구성될 수 있는 것은 이러한 상징계를 통해서이다. 생물학적 아버지가 아닌 법으로서의 아버지(Law — of — Father)는 아이에게 금지를 가하기에 아이는 어머니에 대한 욕망 — 남근(Phallus)을 억압시키고 무의식을 형성한다.
상징계의 주체구성은 아이가 언어의 권위와 힘에 복종할 때 가능하다. 아버지의 이름은 어머니와 상상적 결합을 추구하는 아이의 욕망을 거세시키기 위해 강력하게 위협하면서 굴복을 강요한다. 그러나 아이의 어머니와의 상상적 결합은 결코 중단되지 않으며, 무의식 속에 상상계의 욕망을 숨기고 상징계로 진입하는 것이다. 이때 무의식에서 상상계의 충만함에 대한 욕망이 생기는 것이다. 라깡은 이렇게 무의식이 주체의 생성으로 생기게 된다고 한다. 이러한 과정을 거쳐 주체가 상징계로 진입한 이후에도 상상계의 총체성에 대한 욕망은 사라지지 않고 무의식에 숨어 있게 됨으로써 인간은 상상계와 상징계의 기로에 선 존재이며 이로써 주체의 원초적 분열이 필연적으로 이루어지게 된다. 맬컴 보위, ≪라깡≫ 참고, 시공사, 1999년.
6) 데리다의 해체의식 또한 지고한 로고스의 권위를 인정하고 담론의 기존 질서를 위협하지 않는 방법으로 진행된다.

이미 전통적 지배가치와 부의 부재상태는 전통적 체제에 반목하는 사랑의 방식에 대해서 어떠한 규제를 가할 수 없다. 전통적 체제에서 요구하는 사랑의 방식은 전통체제를 와해시키는 다양한 가치와 힘에 의해 역사의 장으로부터 멀어져 있기 때문에 서서히 해체될 수밖에 없다.

숙희는 더 이상 현규와 함께 지낼 수 없다고 생각하여 시골 할머니 집으로 내려온다. 그러나 숙희와 현규가 사랑하는 과정에서 기존의 전통적인 체제는 하나의 안정화된 세력을 유지하려는 동일성의 체계일 뿐이다. 이러한 동일성 체계는 다양한 감정의 편린을 무시하고 동일한 체제 속에서만 그 사랑을 인정하고 포용하려는 폭력적인 모습을 지니고 있다. 따라서 이러한 안정을 추구하려는 체제는 다양한 힘이 작용되면서 서서히 해체될 수밖에 없게 된다. 현규는 숙희에게 찾아와 '우리에겐 길이 없는 것이 아니라며, 외국엘 가든지' 라고 말하면서 사랑을 이룰 수 있는 새로운 해결책을 제시한다. 이때 숙희는 펑펑 울면서 온 하늘로 퍼져가는 웃음을 웃는다. 현규와 숙희 사랑은 기존의 체제 속에서는 인정될 수 없는 사랑의 모습이지만 이러한 사랑의 관계는 전통적 사회체제에서 금지되어 소외된 다양한 사랑의 형태 중 하나인 것이다.

전통적 세계의 해체와 함께 아버지의 부재의 자리는 이질적인 아버지의 존재로 기표화된다. 그러나 이질적이 아버지의 자리 또한 어떠한 존재감도 지니지 못하게 된다. 이러한 아버지의 부재현상은 곧 숙희와 현규가 사랑하는 과정에서 기존의 전통적인 체제가 전복되는 필연성을 낳게 한다. 기존의 체제에서 인정되는 사랑의 방식은 안정된 동일성의 체계를 구축하고 유지하려는 작용을 반복하지만, 이미 전통적 체제와 부의 부재의 위치는 새로운 사랑에 대해서도 어떠한 규제를 가할 수 없기 때문이다.

이처럼 전통적 체제와 아버지의 부재는 여성으로 하여금 자신의 생활을 주체적으로 끌고 가게 한다. 여성은 생활에 깊숙이 관여하지 않는 아버지의 부재 앞에서 오히려 자신의 삶을 주도적으로 이끌어간다. 아버지의 부재는 여성에게 전통적인 남성에게 의지하고 종속되었던 관계를 더 이상 허용하지 않는다. 또한 새롭게 변모된 남성도 여성에게 어떠한 자기 구속력을 결행하지 않으려한다. 따라서 이들의 관계에서 여성은 오히려 남성의 간섭을 받지 않고 자신의 길을 주도적으로 찾아나가는 주체성을 갖는다. 아버지의 부재는 이제 이성의 대상이 되는 남성의 부재의식으로 다시 기표화되며 여성의 자기 주체성을 찾는 길에 한 발짝 더 진보된 모습을 보여준다.

여성의 자기 주체성을 향한, 새로운 삶에 대한 지향과 의지는 「해방촌 가는 길」[7]의 주인공 기애의 의식에서 잘 나타난다. 주인공 기애는 미군장교 조오와 동거를 한다. 기애가 조오와 동거를 하게 된 경위는 가난 때문이었다. 부친이 죽고 빚을 받으러 온 여자가 사나운 사내 네댓을 몰고 와서, 기애네 가족이 이삿짐도 덜 푼 마당에서 야료를 부린다. 기애는 폭력적으로 빚을 추궁하는 행동에 질려 자신이 그것을 갚겠노라고 날카롭게 말하고, 미군 부대에서 일을 하게 된 것이다. 그러나 돈 때문에 시작한 생활이지만 기애는 완고한 종래식의 사고방식에서 크게 벗어나 있지 않다. 미군 병사들이 자신을 <제비> <미스 제비>라고 부르는 이유를 알고부터 기애의 행동은 달라진다. 병사들은 기애가 늘 입고 다니는 곤색 옷을 보고 <제비> <미스 제비>라고 부르며, 전통적 의식에서 벗어나있지 못한 틀에 박힌 생활을 하는 기애와 옷차림을 조롱한 것이다. 이런 사실은 기애에게 부끄러움을 느끼게 한다. 기애가 병사들의 조롱을 부끄러워 한 것은 그들이 조롱하는 전통적인 의식과 가치가 기애자신과 생활에 어떠한 구원도, 해결책도 제시해주지 못한다는 의식에 기인한다.

기애는 병사들이 조롱했던 옷차림을 바꾸면서 더 이상 조롱을 받지 않는

---

7) 강신재, 「해방촌 가는 길」, 『젊은 느티나무』, 민음사, 1995.

다. 옷차림을 바꾸는 것은 곧 새로운 의식과 가치의 변화를 의미할 수 있다. 기애는 몸가짐을 달리하면서 미군병사 조오의 접근을 용인한다. 그러나 기애는 조오와의 관계에서 일상적으로 판단되고 치부되는 물질적인, 타락한 관계를 거부한다. 관계성이 물질적인 관계로만 국한되는 것은 곧 전통적 지배가치인 종속적 관계의 또 다른 기표에 지나지 않는다. 이에 기애는 조오와의 관계를 물질적인 타락한 관계로 국한시키지 않고, 오히려 조오에게 자신보다 순수한 모습을 찾으며 조오를 사랑함으로 물질에 종속되는 지배적인 가치에서 벗어나려는 의지를 보여준다.

기애는 미군병사 조오가 순진한 청년이라는 것과 내일이 있을 수 없는 것은 명백하지만, 금발에 바다 빛 눈을 가진 젊은 외국인은 자기보다 훨씬 순수하다고 느끼게 된다. 따라서 자신이 불순하다는 생각은 돈이라는 <거래>를 위하여 저울질한 애정을 혐오하게 만들고 조오를 순수하게 사랑하게 한다.

기애가 사랑하게 된 조오의 존재는 미군병사로 이질적인 남성상을 지니고 있다. 그러나 이질적인 남성상은 이질적인 아버지와 조금 다른 의미를 지닌다. 즉 기애는 이질적이지만 함께 살게 된 조오의 순수한 면을 보고 정말로 사랑을 했기 때문이다. 그러나 조오가 미국으로 돌아가고 그 결과로 고통스런 임신중절 수술을 받게 되면서 기애는 자신이 조오를 사랑한 것에 오히려 커다란 상처를 입고 배신감을 갖게 된다. 이로써 남성에게 기대하고 사랑했던 마음이 해체되지만 기애는 물질이 아니라 자신의 내면성에서 보다 충실함으로써 뚜렷한 자아의식을 갖는다. 기애가 조오에게서 불순한 <거래>를 지양하고 사랑을 의지하는 것은 형식적으로 보았을 때에는 타락한 관계지만 내면적으로는 자아의 정체성을 찾는 의미가 담겨있기 때문이다.

이러한 정체성에 대한 탐색은 전쟁 전 연정을 표시했던 근수가 돌아와 기애에게 구애를 할 때에 오히려, 담배 피는 모습을 보이며 자신의 모습을 솔직하게 드러내는 모습을 보이는 모습으로 더욱 진실성을 확보한다. 이러한 모습은 기애의 타락한 모습을 드러낸 것이다. 하지만 한편으로 근수에게 자신을 속이지 않고 보여줌으로써, 자신과의 관계의 시작은 여기, 즉 자신의 현재 모습을 인정하고 용인하는 것에서부터 시작되어야함을 말하는 주도적인 내면의 식을 보여주기 때문이다.

> 그는 기애에게 하여간 화는 좀 내지 말아달라고 상냥한 인사말이라도 남기고 싶었는지 알 수 없었다. 그러나 방 안을 들여다본 그는 아무 말도 하지 못했다. 욱이의 책상 위에 버릇 사납게 걸터앉은 기애는 담배연기를 후욱 내뿜고 있은 것이었다. 담배를 끼고, 저리 본 턱을 괸 손가락 끝에 길고 빨간 손톱이 표독스러웠다. 근수는 말없이 돌아섰다. 외면을 한 기애의 두 뺨 위로 굵다란 눈물이 흐르고 있었으나 물론 근수에게 그것을 알 필요는 없었을 것이었다.[8]

미군병사와 마찬가지로 전쟁에서 돌아와 예전의 기애의 모습만을 소망하는 근수는 전통적인 안정된 동일성의 체계를 추구하고 그 속에서 벗어나지 못하는 인물이다. 근수는 이미 모든 것이 무너졌고 변한 상황에서 오히려 그 안정된 세계의식만을 추구하기 때문에 오히려 반역사적인 인물로서 역사의 장으로부터 유리되었다. 이로써 근수의 변모되지 못한 의식은 기애가 보여주는 타락한 모습에 충격을 받고 자살을 함으로써 그 스스로 해체되는 모습을 보여준다. 조오는 기애의 사랑의 대상이 되지만, 기애를 책임지지 못하고 떠나간다. 근수 또한 자신의 의식세계에서 벗어나지 못하고 더 큰 사랑을 보여주지 못하고 죽음을 선택한다. 따라서 조오와 근수로 대변되는 남성의 의미는 전통적인 아버지의 부재와 이질적인 아버지의 부재의 자리의 기표적 연쇄로써 남성의 부재의식을 드러낸다. 또한 이들의 모습을 통해 기존의 전통적

---

8) 위의 책, 308~309면.

사회체제가 해체되고 더 이상 존속하지 못함을 드러낸다. 여기서 전통적 사회체제가 해체되는 까닭은 전통적 사회체제가 사회적 환경에 따라 변모할 수밖에 없기 때문이다. 이에 따라 인간의 의식도 함께 변모해가야 하는데, 남성의 의식의 변모는 근수의 죽음에처럼 진실의 가치를 포용하지 못하고 죽음의 방식으로 해체될 수밖에 없는 점을 보여준다. 전통적 체제에서 남성의 위치는 곧 남성 자신을 뜻한다. 그러나 전통적 체제에서 여성의 지위는 남성과 다르게 나타나기 때문에 여성은 전통적 사회체제의 와해와 함께 자아를 찾아가는 노정을 보여준다.

따라서 기애에게 조오과 근수는 기애가 자신의 정체성을 찾아가는데 보조적인 역할을 할 뿐이다. 조오가 본국으로 돌아가 버리고 근수가 죽음으로써 기애는 다시 미국인 장교구락부로 돌아와 하리와 동거를 한다. 기애는 이제 하리가 지금 당장 어디로 가버린댔자 나는 꿈쩍도 하지 않을 거라며 외부 환경과 사람에게서 흔들리지 않을 거라는 주체적인 의식을 드러낸다. 비록 기애의 생활이 외국병사와의 동거라는 타락한 방식으로 반복되지만 정직하게 자신의 모습을 응시하면서, 이제는 외부적인 상황이 된 남성에게서 흔들리지 않고 자신의 생활을 일구어나가려는 강한 의지를 보여준다. 이로써 기애는 남성 중심적인 사고방식에서 벗어나 그 자신의 생활을 주도적으로 주체적으로 끌고 갈 수 있게 된 것이다.

2) 자기중심적 주체의 함몰의식

강신재 소설에 등장하는 나약한 남성상은 곧 여성에게 냉소와 무관심을 불러오고 남성적 자아와 타자의 관계에서 단절을 불러온다. 나약한 남성상은 인간과 문명의 타락 및 허약함을 뜻한다. 또한 이로써 남성의 허약함은 남성으로서 갖는 주체의식이 끝없이 연기[9]되는 것을 뜻한다.

「泡沫」[10]에 등장하는 남자 주인공 '나'는 무능력하고 나약한 존재로 등장한다. '나'는 아내 연옥과 김의 관계 속에서 어떠한 주체성도 보여주지 않는다. 아내와 김의 관계는 아내가 '나'와 결혼하기 전부터 사랑하는 사이였다. 그런데 연옥이 '나'와 결혼을 한 후에도 둘은 관계는 계속되고 그 사이에서 '나'는 무력하게 겉도는 모습을 보여줄 뿐이다.

따라서 '나'는 남편으로서의 존재의식을 갖지 못하고 아내와 김의 관계에서 표류하고 미끄러지며 의미를 갖지 못한다. 그러나 '나'가 그들 사이에서 표류하는 까닭은 '나'와 아내와의 관계가 이미 김으로부터 시작되었기 때문이다. 즉 '나'가 결혼을 하게 된 것도 김이 그들 사이에는 결혼할 수 없는 곤란한 사정이 있다고 하면서 대신 결혼을 해달라고 부탁한 것이 계기가 되었다. 아내는 '나'와 결혼을 하고 5·6개월이 안돼서 아기를 낳는다. 이로써 김과의 관계가 각별했다는 것이 은밀히 드러난다. 그럼에도 '나'는 그들 사이에서 어떤 의구심을 갖지 않으며 그들의 관계를 방관하고만 있다. 그러나 결혼 후에도 어떤 사정을 빌미로 김이 '나'의 집에 함께 거주하게 되면서 '나'의 남편으

---

9) 데리다는 '무의식'이 '타자성'의 또 다른 이름이라고 말한다. 즉, 무의식이란 숨어 있는 현존(실체)이 아니라 의식이 충만한 현존에 이르지 못하게 하는 차이화와 연기(즉 차연) 그 자체이다. 충만한 의식이란 기표(자아)와 기의(의식)가 합치된 자기중심적 주체성을 뜻한다. '타자성'이란 자아와 의식, 즉 기표와 기의 사이에 틈입한 타자에 의해 충만한 의식(현존)이 끝없이 연기되는 것을 말한다. 자아는 충족한 의식을 갖는 대신 기표들의 연쇄(놀이)를 경험하며 의식의 현존을 연기한다. 이 기표들의 연쇄와 의식의 현존의 연기(즉 차연)가 바로 '무의식'이다. 충만한 의식의 현존은 타자의 틈입을 배제한 자기중심적 주체에서만 가능하다. 그와 달리 타자의 틈입을 허용할 때 의식의 현존이 연기되면서 기표들의 연쇄가 일어나는 무의식적 공간이 나타난다. 즉, 타자와의 관계를 배제한 채 자아의 정체성(동일성)을 추구하는 것은 자기중심적 주체이다. 반면에 타자와 관계를 맺으면서 자아의 정체성을 얻으려 시도할 때 기표들의 연쇄와 의식의 현존의 연기가 생겨난다. 이것이 바로 '타자성의 주체'인 '무의식의 주체'이다. 무의식이 타자성의 또 다른 이름이란 이런 의미를 지닌다. 그런데 이처럼 의식의 현존을 연기하며 무의식을 경험하는 순간은 또한 '역사적 장'에 접하는 순간이기도 하다. 나병철, 앞의 책, 306~306면.

10) 강신재, 「泡沫」, 『戲畵』, 啓蒙社. 1955년 작품.

로서의 존재감은 점점 더 사라지고 '나'의 주체성은 점점 소외되고 만다. '나'
는 그들의 사이에서 소외된다. 또한 아내와 김이 벌이는 여러 행동들은 나의
현존의식을 연기하는 기표들의 연쇄로 작용한다. 나의 의식이 현존, 즉 존재
감을 얻기 위해서는 아내와의 관계에서 남편으로서의 역할이 기표적 특징으
로 반복되어질 때 '타자성의 주체'[11]를 형성하면서 획득될 수 있다. 그러나 내
가 있어야 할 자리에는 언제나 김이 위치해 있으므로 해서 나는 남편의 위치에
서 밀려나고 만다.

> 연옥이가 마련한 식탁 위에도 무엇인지 수두룩히 반찬이 놓였다. 밥 한
> 그릇 삼키는데에 이다지도 여라기지 그릇을 늘어놓고 또 이루 맛이 어떻고
> 저떻고 말을 해가며 먹는 취미란 나에게는 잘 알 없는 것이었지만 그러기
> 에 찌개면 찌개 국이면 국 한가지로 그냥 홀닥홀닥 먹어 치우는 나를 연옥
> 이는 걸신이 들었느니 식미(食味)를 모르느니 하고 못마땅해 하며 깔보는
> 것이다. 그래서 요지음 되도록 이것저것 집어 먹어 보기도 하지만 그보다
> 도 너무 빨리 먹어 치운다거나 무식한 소리 같은 걸 하여서 그들에 비위를
> 거슬리지 않도록 나로서는 주의를 하고 있는 것이다.[12]

김과 화토를 치며 연옥이 일부러 져서 팔목을 맞으며 자지러지는 모습이라
던가, 시라꼰이라는 음식을 가져와 그것이 복아지의 생식기의 일부, 또는 생
선의 정액이 응고한 것이라고 서로 우겨 되는 모습은 보통 이상의 남녀관계
에서 찾아볼 수 있는 모습이다. 그러나 '나'가 김의 자리에 위치한다면 이 모
습은 지극히 정상적인 모습일 수 있다. 그럼으로 해서 '나'는 남편의 자리를
김에게 빼앗긴 채로 밀려나있음을 알 수 있다.

'나'는 김이 이젠 그의 집에 있을 필요도 없는데 함께 사는 것에 대한 이유

---

11) 나병철, 앞의 책, 307면. 주체의 의식이 자신의 고유한 현존을 지키기보다는 타자(다른 사람
    이나 역사적 현실)와의 관계 속에서 차연을 일으킬 때 진정한 주객 상호작용이 생겨난다.
12) 앞의 책, 26면.

조차 생각해보지 못할 정도로 무감각하다. 이러한 나약한 모습은 존재감이 전혀 없는 모습으로 연옥과 김에게 어떤 영향력도 끼치지 못한다.

'나'는 결혼 후에 아내에게 무식하다는 말을 들으며 그러한 말을 듣지 않기 위해 오히려 김과 연옥의 비위에 거슬리지 않도록 주의하는 모습을 보여준다. 이러한 나약한 모습은 사변 때 우익투쟁을 한 김을 다락방에 3개월간 숨겨주는 동안 연옥이 그 사실을 은폐하기 위해 동위원회의 일을 억지로 하게하는 계기로 형사에게 잡혀가는 일로 다시 한번 드러난다.

'나'는 아침 일찍부터 들이닥친 가죽 잠바를 입은 형사에게 잡혀가 감옥에 가있는 동안에도 김이 힘을 써주겠지 하는 안일한 마음을 갖는다. 형사들에게 취조를 받고 고통스런 시간을 보내면서도 김이 어서 자기를 빼내주기를 바랄뿐이다. 며칠이 지나자 '나'는 우익활동으로 갑자기 감투를 쓰게 된 김의 한마디로 풀려난다. 이에 '나'는 다시 한번 김에게 감사하는 마음을 갖는다.

그러나 '나'가 감옥에서 돌아와 아침에 눈을 떴을 때 김이 안방에서 방금 세수한 얼굴을 타올로 문지르며 나오는 모습에서 이들의 파행적인 관계가 계속적으로 조명된다. 정상적이지 못한 셋의 관계는 그 시대의 가치관이 이미 완전히 붕괴되어있음을 보여준다. 다른 사람의 아내인 연옥을 가까이하는 김과 결혼 후에도 김을 더 사랑해 남편을 이용하는 연옥, 이들을 보면서도 아무런 일도 할 수 없는 나의 관계는 셋의 관계가 더 이상 정상적이지 않다는 것을 뜻한다. 이들의 묘연한 관계는 곧 '나'와 아내의 부부 관계가 이미 왜곡되었음을 보여준다.

존재감이 없는 '나'는 김을 보호하기 위해 연옥이 시키는 대로 사변 때는 좌익 동위원회에 나가 일하는 모습으로, 현재는 북진통일 국민대회에 나갔다 오라는 대로 행동한다. 그러나 북진통일 국민대회에 나가면서 '나'의 의식은 흐릿해져가고 마치 물거품 물결에 섞인 포말처럼 몸이 둥둥 실리어 가는 것을 느끼면서 분열을 경험한다. 남편으로서의 정체성을 잃고 그 위치를 빼앗김으로 해서 그의 주체성은 '타자성의 주체성'으로 자리 잡지 못한다. 주체성은 타자와의 관계를 통해서 진정한 상호작용을 할 때 형성될 수 있다. 그러나 '나'는 남편으로서의 위치를 상실하고 정체성을 잃었기에 소외되고 만 것이다.

주체의 소외는 주관적 정신 속에서만 해결될 수는 없으며 주체와 역사적 장이 부단히 상호 작용하는 가운데 비로소 풀릴 수 있을 것이다. 따라서 강해진 정신 속에서 차연을 멎게 하는 대신에, 주어진 현실(상징계로서의 사회체계)을 변화시킬 수 있을 만큼 강하게 — 역사적 장(실재계)에 접하도록 — 차연을 활성화시켜야 한다. 정신이 아니라 타자성과 차연만이 새로운 의식을 가능케 하는 역사적 장에 참여하는 유일한 방법이다.[13)]

'나'의 태도는 동위원회에서 일했다는 이유로 나흘간 감옥에 갇혀 있다가 나와 술집에 들어가면서 조금씩 변화되는 조짐을 보여준다. 즉 지금까지 보여주었던 아내와 김과의 행동들, 그들 사이에서 들러리처럼 자신의 표류된 의식 등은 '나'와 그들의 관계를 솔직하게 바라보게 한다.

> 어쩐지 나는 또 불안 하여 왔다. 그 떠들어 대는 모든 사람이 하나 같이 낯이 설다는 일이 나는 두려운 것이었다. 나는 이 세상 누구 하고도 비슷하지 않게 만들어져 있다는 것을 전부턴 알고 있기는 하였다. 사람들이 웃거나 슬퍼하는 데에는 무엇인지 내가 알 수 없는 의미가 있는 것 같다고 생각되었다. 그러나 그러한 생각이 새삼스레 나를 괴롭힌다는 일은 전에는 경험하지 못한 일이었다. — 사람들의 웃음과 사람들의 눈물을 이해하지 않더라도 내 생활에는 별란 지장이 생기지 않었다. 그런데 오늘만은 어쩐 일인지 뿔이 돋힌 새(鳥)이거나 발이 달린 물고기처럼 무엇인지 자꾸 근심스러운 것이었다. 근심스러운 나머지 나는 아까부터 빙긋 빙긋 웃고 있었다.[14)]

13) 나병철, 앞의 책, 307면.

14) 앞의 책, 14~15면.

감옥에서 나온 '나'는 술집에서 자신은 지금껏 다른 사람들의 마음과 눈물을 이해하려 들지 않았다고 생각한다. 그러나 그가 감옥에서 굶주림과 추위를 겪고 나오면서 왠지 술집에 와글와글 거리는 사람들을 보면서 왠지 그들을 이해하지 않았던 것이 오히려 근심스러운 것으로 생각되면서 그 자신의 삶의 방식에 변화가 찾아왔음을 말해준다. 이러한 의식은 곧 북진통일 국민대회에 나가 사람들 틈에 섞여 노래를 부르고 만세를 외치면서도 그 자신이 '하나의 포말처럼 물결에 둥둥 실리어가는 것 같은 의식'을 느끼는 것에서 다시 나타난다. '나'는 아내와 김 사이에서 '하나의 포말'처럼 둥둥 떠가는 포말처럼 살아왔다고 생각한다. '나'는 자신을 '하나의 포말'처럼 느낌으로 해서 안일하고 나약했던 그 자신의 심경에 무언가 변화가 왔음을 보여준다. 그러나 '나'가 자신의 위치를 정직하게 깨닫게 됨에 따라 '나'의 정체성은 무너지고 분열할 수밖에 없게 된다. '나'는 이미 남편으로서의 정체성을 잃은 상태이고 더 이상 어떠한 의미도 지니고 있지 않기 때문이다.

이로써 가정과 아내에게 어떠한 영향력도 끼치지 못하는 '나'는 자신의 존재를 의식하면서 포말처럼 분열된다. 이렇게 남편인 '나'가 존재감을 느낄 수 없는 까닭은 그들 사이를 의심하지 않으려 했던, 깊게 이해하려 들지 않았던 무관심한 마음에 근원한다. 즉 자신 이외의 다른 세상에는 관심을 두려하지 않던 이기적인 마음에 근원한다. 나의 의식은 이제 자신의 자아에서 타자화된 자아로 시선을 돌리면서 진정한 주체적인 자아를 획득하게 된다. 즉 전에는 '다른 사람의 웃음이나 눈물을 이해하려 들지 않았었는데, 사람들이 웃거나 우는 일들에 어떤 알 수 없는 의미가 있다'라는 생각을 하게 된 것이다. 이러한 생각은 '나'에게 근심스러운 마음을 갖게 하면서 오히려 빙긋빙긋 웃게 만든다. 아내와 김과의 관계에서 소외된 '나'는 결국 그 소외된 의식을 다른 사람들의 웃음과 울음의 의미에 관심을 갖게 만든다. 이로써 '나'의 소외된 의식은 자기중심적 주체에서 타자와의 관계를 맺고 지향하는 '타자성의 주체'가 되면서 의미를 획득하게 된다. 즉 타자의 침투에 의해 그 자신이 지니고 있던 자기중심적인 주체가 깨어지면서 진정한 주객 상호작용이 생겨난다.[15) 그러나 타자화된 시선으로 자신을 돌아봄에 따라 주체성을 찾을 순 있었지만 객관적으로 소외된 자신의 모습을 발견하고 인식하는 것은 주체를 분열하게 만들 뿐이다.

'나'가 분열을 느끼는 것은 곧 자신의 현재적 모습을 반영한 결과이다. 남편으로서의 정체성의 위기는 결국 자신의 현재 위치를 직시하지 못하고 전통적이고 통속적인 지배가치에 종속되어 와해된 현실을 인정하지 않으려는 태도에서 발생한다. 따라서 지배가치에 집착하는 자기중심적인 주체는 함몰되고 남성의식은 설자리를 잃게 되어 분열을 경험할 수밖에 없게 된 것이다.

강신재 소설에서 남성의 의식변화를 그린 소설은 그리 많지 않다. 그러나 여성의 변모되는 의식은 남성이 그러한 변화를 인식하고 수용할 때 진정성을 회복할 수 있다. 따라서 '나'의 변모되는 의식은 여성의 변화해가는 의식에 초점을 맞추는 강신재 소설에서 중요한 역할을 한다. 즉 남성 또한 여성과 마찬가지로 허구적인 현상으로 남아있는 지배가치의 종속에서 벗어나 변모되는 현실을 직시하고 받아들일 때, 남성 또한 진정한 의미에서 주체성을 획득하고 진정한 주체로 살아갈 수 있는 것이다.

---

15) 강운석, 『한국 모더니즘 소설 연구』, 국학자료원, 2000, 45면.
  자아 개념이란 반드시 타자에 대한 의식을 배경으로 할 때에만 가능한 것으로 이해되고 있다. 외부적인 조건에 대한 고려 없이 자아의 동일성 확립을 논한다는 것은 있을 수 없는 일이다. 따라서 역사와 사회에 대한 올바른 이해가 선행되어야하고, 이를 토대로 당대의 일상과 자아와의 관계를 살펴보아야 한다.

3) 지배적인 남성상과 이상화된 자유의식

6·25전후를 배경으로 쓰인 강신재 소설에는 무엇보다 전통적 가부장적인 남성의 지배적인 모습이 잘 나타난다. 가부장적 가치를 소유한 남성들은 여성을 전인격적인 인격체로 보지 않고 자신의 소유물정도로 생각하며 자신의 생각과 생활 속에 두려한다. 이러한 모습은 공공연히 첩을 두어 아내의 인격을 무시하거나 폭력을 행사하는 지배적인 남성상으로 표출된다. 그러나 여성들은 남성들의 지배적인 속성에 은연중에 저항감을 느끼며 그런 저항감을 조금씩 여러 가지 방식으로 표출하기 시작한다. 또한 이러한 저항감은 단지 남성의 지배에서 벗어나고자 하는 의식만이 아닌 여성 스스로의 독립된 의식과 사고를 지향하고 선망하는 자기주도적인 의식을 지향한다.

이 때 여성이 나아가고자 하는 선망의 세계는 자유로운 생각과 생활을 향한 유토피아 의식16)의 일단락을 보여준다. 즉, 여성들은 남성의 지배적인 의식구조에서 벗어남과 동시에 스스로 생각하고 결단하고 창조하는 자유로운 의식을 지향한다.

그러나 여성이 지향하는 자유로운 세계는 먼저 고루한 전통적 지배가치에 속해 있는 남성적 사고와의 대립이 전제된다. 남성이 지니고 있는 지배 체제의 문제를 인식하고 그것을 억압으로 느낄 때 여성적 자아는 그것에서 벗어나 진정한 자유의식을 추구할 수 있게 된다. 이 때 여성적 자아가 추구하는 세계는 하나의 유토피아로 설정되며 이곳에 도달하기 위한 각 과정에서 여러 가지 유토피아적 기호를 갖게 된다.

---

16) 니체의 초인은 종교적 의미의 초월적 인간도 아니고 그렇다고 해서 유교적인 의미의 성인이나 군자도 아니다. 그의 초인은 자신의 삶을 스스로 결단하는 인간존재이다. 노예도덕으로서의 기독교 도덕을 부인하고 끊임없이 창조하며 결단하는 의지를 통하여 삶을 결단하는 인간존재, 그것은 극복된 인간존재가 아닐 수 없다. 『니체, 해체의 모험』, 강영계 지음, 고려원, 1995, 23~24면.

「안개」17)는 남편 형식이 아내인 성혜가 소설가로 등단한 것을 못마땅하게 생각하며 아내의 글을 간섭하고 자신의 생각을 강요하며 지배하는 내용이 주요 서사를 이룬다. 형식은 시 부분으로 등단을 여러 번 시도하였지만 번번이 떨어진 반면 성혜는 단번에 등단을 하고 등단작 외에도 또 다른 한편의 글이 문예지에 실리게 된다. 이에 형식은 아내에게 열등감을 느끼며 자기모멸감에서 벗어나지 못한다. 형식은 아내가 소설로 등단한 것을 불쾌해한다. 형식은 자신의 아내가 소설가로 인정받는 것에 자존심 상해한다. 그것은 정작 자신은 시인으로 등단하고 싶어도 하지 못한 열등감이 작용했기 때문이다.

그러나 성혜 또한 자신이 소설가로 등단한 것을 형식이 알까봐 노심초사함으로써 형식과 마찬가지로 전근대적 사고방식과 독립된 자기의식 사이에서 갈등하는 모습을 보여준다.

> 형식이 돌아오면 응당 벌어 저야 할 어떤 불쾌한 장면을 상상하는 것이 그는 미리부터 몹시 역겨웠던 것이다. 소설을 썼다는 사실에 대하여 굳이 설명을 하고 변명을 느러놓고 결국 용서를 빌어야 한다는 생각이 그를 어쩔 수 없이 우울하게 만든다. ― 원채 여학교 교원의 자격쯤은 가지고 있는 성혜를 그렇게 쪼들리는 살림사리임에도 직업전선에 내놓지 않으려고 고집을 세우는 남편이었다. 그는 차라리 구물푸리의 내직을 권하였다. "예펜네가 밤낮 밖알으루 나돌아 댕기다니 생각만 해두 불쾌하다. 불결 해!"18)

성혜는 자신이 소설을 쓴 것에 대해 형식에게 설명을 하고 변명을 늘어놓고 용서를 빌어야 한다는 생각으로 우울해질 만큼 글을 쓰는 사실에 자신감을 갖지 못한다. 성혜는 본래 사색을 하고 자신의 생각을 자유롭게 쓰는 것에 즐거움을 지니고 있지만 그러한 생활에 대한 확고한 의지와 의식을 지니지는 못한다. 따라서 성혜는 남편의 눈치를 보는 전근대적인 의식과 내면의 자유

---

17) 강신재, 「안개」 『戱畵』, 啓蒙社. 1950년 작품.
18) 위의 책, 236~237면.

로움을 느끼는 독립된 의식구조 사이에서 갈등을 느끼는 것이다. 그러나 자유에 대한 열망은 소설쓰기를 방해하는 남편의 억압 앞에서 오히려 더욱 큰 의미를 확보하고 그 세계로 향하려는 의지를 확인시켜 준다.

형식은 성혜가 여학교 교원의 자격을 가지고 있음에도 얼마 돈벌이가 되지 않는 가정에서의 부업을 시킬 정도로 자기중심적이고 폐쇄적이다. 형식은 현실적으로도 가정을 책임질 수 없음에도 그의 가치는 폐쇄적인 가치에서 벗어나지 못한다. 형식은 '술이 얼큰하게 취하여 와서 이젠 예편네 덕에 유명해지겠다며 이쪽이 되레 시중을 들어야 할 판국이라고 빈정거리며 아예 여류작가입네 하구 쏘다니기 불편한데 이 기회에 이혼이나 하면 어떻겠냐'고 열등적인 아니꼬운 마음을 그대로 드러낸다.

> 이렇게 빈정거림이 끝인 줄을 모르고 계속된다. 성혜는 고개를 푹 수그리고 참고 있다가 끝내 얼굴을 들고서 형식을 똑바루 마주 보았다. 남편의 이 그러진 자존심, 그 저열한 심정은 도저히 그대로 참을 수 없었다. 그는 남편의 이러한 모습을 바라보기를 본능적으로 저어하였다. 그러나 눈을 아주 가리워 버리기라도 하고 싶은 충동이 그것과는 반대로 그의 머리를 번쩍 치켜들게 한 것이었다. "다시는 절대로 안 쓰겠습니다." 성혜는 이런 말을 해야 한다고 느꼈다. 얼마만큼 괴로운 일일지리도 그렇게 해야만 되겠다고 생각을 했으나 그러나 쉽사리 그 말이 입 밖으로 나와지지 않는 데는 자기도 어쩌는 수가 없었다. 성혜는 그것이 또 안타깝고 괴로워서 형식이 어서 더 한마디 속이 뒤집히도록 포악한 말을 던저 주었으면 하고 대기 하는듯한 절박한 심사였다.[19]

남편 형식의 빈정거림과 저열한 심정을 성혜는 본능적으로 거부하지만 '글을 다시는 절대로 안 쓰겠습니다.'라는 말을 해야 한다고 느낄 정도로 성혜 또한 형식이 사고하는 틀에서 크게 벗어나지 못한다. 그것은 이런 말이 입 밖으

---

19) 위의 책, 243~244면.

로 나와지지 않기에 형식이 더 포악한 말을 해주기를 바랄 정도로 형식에게 구속받는 생활을 받아들인다. 성혜는 여자가 나가서 일하는 것이 불쾌하고 불결하다고 생각하는 남편과 수없는 절망적인 언쟁 속에서도 형식이 원하는 아내의 타입 속에는 어쩌면 무엇과도 바꿀 수 없이 귀중한 아름다움이 숨어 있을지 모른다며 체념에 가까운 반성에 사로잡히면서 남편의 뜻을 따른다. 이러한 모습은 성혜 자신이 자신의 자유로운 의식을 인정하지 못하고 남성의 지배아래 순종하길 원하는 남성편향적인 전근대적인 의식에서 자유롭지 못하기 때문이다. 또한 남성의 지배아래 순종할 때 여성에겐 또 다른 행복이 보장될 수 있다는 환상을 가지고 있음을 나타낸다. 그러나 이러한 환상이 깨졌을 때 여성은 그 환상 밑에 가려진 실체를 파악해 현실의 문제를 근본적으로 바라보고 변화시킬 수 있는 원동력을 제공받게 된다.[20]

성혜가 글을 쓰게 된 동기는 자발적인 것으로 무엇을 생각하거나 쓰거나 하는 외의 일은 대개 흥미를 느끼지 못하는 습성에서였다. 성혜는 뭔가 본능적으로 자신이 지향하는 세계에 대한 그리움과 기쁨을 감추지 못한다. 허물어진 장독대를 복구하는 일을 하면서도 자신은 일을 재미나게 하지 못하는 쓸쓸한 버릇이 있다는 것을 생각하고, 늘 막연한 생각을 더듬으며 생각하거나 쓰거나 하는 일에만 관심을 갖게 된다. 그러나 성혜는 남편이 추구하는 가치대로 생각해보며 장독대를 복구하면서 이렇게 모든 것을 깨끗하고 쓸모 있게 간직하고 개량하고 윤택케 하는 일에 삶의 즐거움이 있을지도 모른다고 생각하기도 한다. 그에 비해 추상적인 감정의 조각구름 따위에는 결코 아무 의의도 없을지도 모른다고 생각하며 자신의 생각하는 습관이나 글 쓰는

---

20) 유토피아에 대한 환상은, 실제로 유토피아에 다가갈 수 있게 현실적 조건을 변화시키는 힘을 제거해 버린다. 따라서 충족된 지식물과 의미를 지닌 유토피아의 기호는 현실의 억압적 조건을 잊게 만드는 이데올로기일 뿐이다. 여기서 지시물을 상실한 기호로서의 유토피아는 충족된 의미를 지닌 기호와는 달리, 현실을 잊게 하는 이데올로기가 아니라 현실의 조건을 헤쳐 나가는 힘을 제공한다. 즉, 유토피아의 기호가 지시물을 잃어버렸음 확인하는 순간 우리는 역사적·물질적 현실 속에 놓이게 된다. 나병철, 앞의 책, 16~17면.

것을 비하하고 가치 없는 것으로 생각하려 든다. 성혜가 남편을 따르는 일이 어쩌면 귀중한 아름다움이 숨어있을지 모른다고 생각하는 것과 자신이 잘 하지 못하는 생활 속에서 삶의 즐거움이 있을지도 모른다고 생각하는 부분은 성혜 스스로 자존감을 갖지 못하고 정체성을 갖지 못하는 부분이다. 여성의 재능을 인정하지 않고 세상에서 재능을 발휘하지 못하게 하고 오히려 그 재능을 비웃는 태도는 다분히 남성편향적인 사회 분위기를 반영한 것이다.

형식의 지배적적인 모습은 성혜가 소설 쓰는 것을 막지 못하자 이제는 소설의 내용을 일일이 간섭하는 형식으로 반복된다. 글쓰기는 한 개인의 고유한 의식과 생각을 드러내는 결정체인데 형식은 성혜의 글쓰기에 간섭함으로써 성혜만의 고유한 의식을 인정하지 않고 그 스스로 성혜의 주체자가 되어 글쓰기에 함유된 성혜의 의식을 오히려 소외시키려든다.

여성을 하나의 소유물로 생각하는 태도는 성혜가 소설 공부하는 것을 말리지 않고 오히려 놀랄만한 열성으로 격려하는 모습에서 더욱 두드러진다. 형식은 아내가 쓰는 원고를 일일이 읽어보고 붉은 잉크로 주를 달아 고치게 하며, 새로운 긴 구절을 삽입하게 하고 어떤 테마나 구상을 말하게 한 다음 가혹한 악평을 해서, 자기가 주는 테마를 주면서 쓰라고 하는 등의 독단적인 모습을 보여준다. 그러나 성혜는 형식이 쓰라는 데로는 한 줄의 글도 제 마음에 차게 쓰지 못한다.

> 웬일인지 성혜는 한 줄의 글도 제 마음에 차게 쓰여지지가 않았다. 남편이 자기가 말해 준대로 우선 초만 잡으면 고쳐 주마고 까지 간곡히 말하열 그러면 그럴수록 어찌된 셈인지 붓이 달려 주지를 않는다. 자기도 못 견딜만치 초조 하였지만 어찌할 수 없었다. 아니 차츰 그 초조한 마음 까지 사그러져 가는 듯한 감이 드는 것이다. '소설은 무슨 나 따위가……' 어디서 연유한 것인지 이런 절망감 까지도 의식의 밑바닥에 깔리기 시작하였다. 성혜는 구물풀기 이외의 무슨 적당한 내직이 없을가 하고 속으로 이것저것 물색해 보았다.[21]

글은 특성상 절대적인 개인적 인식의 결정체로 누군가의 간섭을 받았을 때는 그 개인적인 영역이 침범당하면서 제 능력을 발휘할 수 없게 된다. 그러므로 글쓰기를 간섭하는 것은 어떤 다른 형태의 간섭과는 또 다른 의미를 지닌다. 한 개인의 의식을 이루고 있는 글쓰기를 간섭 한다는 것은 여성의 개인적인 의식과 인격을 인정하지 않고 지배하려 드는 행동의 본보기다. 이렇게 의식에서조차 지배하려는 것에 성혜는 못 견딜 만치 초조감을 경험하고 절망감을 느끼기 시작한다. 오히려 소설쓰기를 먼저 포기하고 집에서 일할 적당한 일거리가 없을까 하고 물색하며 스스로의 정체성을 찾아나가는 데에 포기하고자 하는 마음을 드러낸다. 성혜는 글쓰기에 간섭당하면서 자유를 잃은 절망감에서 벗어나지 못한다. 남편이 하라는 대로 시키는 대로 그 밑에서 복종하고 있으면 뭔가 의미를 발견할 지도 모른다고 생각했던 기대와 환상은 의식의 자유마저 억압당하자 여지없이 무너지고 깨어진다. 이에 따라 성혜의 의식에는 자신의 자유로운 의식을 억압하는 남편에 대한 저항감까지 한층 더욱 깊어지게 된다. 즉, 형식이 소설쓰기에 간섭하는 것에 회의를 느끼던 성혜는 형식과 외출을 하면서 남편의 실체와 존재성에 커다란 실망과 회의를 느끼게 된다.

성혜는 남편이 외출을 하자고 하여 따라 나갔다가 무도장에서 어설픈 춤을 추는 모습과 주위 여자들이 남편을 무시하는 모습에서 뭔지 모를 화끈함을 느낀다. 형식은 다방에 들러 차를 마실 때 성혜의 글을 실어준 최씨를 만날 때도 자신이 성혜 글에 공을 많이 들이고 있고 글을 코오치 하고 있다는 얘기를 하면서 자신을 과시하려든다. 또한 최씨가 '소설의 생명은 소재의 적당한 배치 즉 구성의 묘에서 오는 효과, 어떤 현혹이라고도 할 수 있는 것으로 말하자면 모자이크의 細工物이 가지는 아름다움이라고 하며, 그런 방면에 관해서는 성

---

21) 앞의 책, 248면.

혜씨의 재능을 상당히 신뢰해도 좋으리라'고 말하지만, 이에 반해 형식은 '소설이란 쌍시비리테의 문제로 이 장면을 집어넣어야 옳으냐 안 넣어야 옳으냐 하는 판단이 직감적으로 머리에 떠올라야 하는 법이지 뭐 이렇게 몇 시간을 마주 앉아 토론해 봤자 쓸데없는 노릇'이라고 최씨의 의견을 묵살해버리는 태도로 독단적인 모습을 또 한번 보여줌으로써 성혜에게 부끄러움을 느끼게 한다. 최씨는 기분이 상해서 다른 자리로 가버리고 성혜의 가슴은 참을 수 없는 수치, 분격 등 어떻게 할 바를 모르는 초려로 날카로운 고통이 스치고 지나간다. 그 아픔은 처참한 비명이 되어서 일순 잔잔한 거리를 진동케 하고, 실로 그 순간 성혜의 영혼은 아픔을 못 이기어 몸부림치면서 비명을 올렸다.

성혜의 글을 자신의 방식대로 쓰게 하고 고치게 하는 형식의 태도는 남성 편향적인 지배적인 가치관의 발로이다. 이에 성혜는 글 쓰는 영역이 누구의 간섭에도 침범당할 수 없는 그 자신의 고유한 영역임에도 침범당하는 것에 분노를 느끼고 고통스러워한다. 형식은 자신의 간섭과 독단적인 모습이 성혜의 영혼과 의식을 고통스럽게 한다는 것을 의식하지 못한다. 형식의 끝이 없는 간섭과 지배적인 모습은 성혜가 자신의 진정성을 찾아나가는 데에 커다란 방해물로 등장한다. 이에 성혜는 형식에게 직접적으로 어떤 행동을 하진 않지만 고통스런 비명을 지름으로써 형식에게서 구속당하는 것을 견디지 못해한다. 성혜는 자신의 생각과 글이 남편의 것이 될 수 없다는 것을 깨닫는다. 즉 아내의 생활과 의식까지도 구속하고 지배하려는 형식에게 성혜는 조금씩 분노하고 절규함으로써 그것에서 놓여나려는 의식을 보여준다. 소설쓰기는 개인적 의식의 영역으로써 성혜가 갈등하고 고통스러워하는 태도는 여성으로써 자신의 정체성을 찾고 회복하고자 하는 강한 열망을 드러낸 것이라고 할 수 있다.

성혜는 소설쓰기를 통해 자유로운 유토피아에 도달하려고 하지만 형식과 기존의 가치체계에 방해를 받으면서 소설쓰기를 해내지 못한다. 그러나 성혜가 잃은 것은 자유로운 정신세계가 아니라 소설이라는 유토피아로 나아가려는 기호일 뿐이다. 따라서 형식에게서 소설 쓰기를 방해받고 억압당하면서 한편으로는 기존의 관습대로 남성의 지배적인 세계에 대한 환상을 갖고 남성의 지배 하에 있으려 한다. 하지만 성혜는 남편의 지배적인 강압에 현실적으로 더욱 억압을 경험하면서 강한 저항감을 느끼며 자유로운 의식에 대한 강한 의지를 갖게 된 것이다. 따라서 성혜가 지향하는 자유로운 정신세계는 형식의 독단적인 모습에 거세게 반항하며 비명을 지름으로써 현실을 변화시키고자 하는 의지를 갖게 된다.

강신재 소설에서 지배적인 남성상을 보여주는 또 다른 모습은 남성의 여성편력이다. 강신재 소설에서 많은 남성주인공들이 자신의 아내를 버려두고 다른 여성을 첩으로 삼거나 또 다른 관계를 만들어낸다. 이러한 남성의 행동은 아내에게 폭력적인 모습으로 다가오며 정상적인 가족관계를 깨뜨리는 요인으로 작용한다. 반면 여성은 여성 자신의 전부라고 생각되어오던 남성에게 배반당하고 버림받음으로써 혼란과 분열을 경험하지만 기존의 가치체제를 붙잡고 안주하려는 모습을 갖는다.

남성이 첩을 두는 행태는 가부장적 권위주의에 근거를 둔 부정적 모습이라고 할 수 있다. 그러나 가부장적 권위주의는 남성들에게만 투입되어 있지 않다. 여성 스스로도 그 남성으로 상징되는 지배적인 가치체계에서 벗어나지 못하고 있고, 대부분의 남성들처럼 그로부터 벗어나려고 노력하지 않는 것이 보통이다. 가부장적 권위주의는 남성들에게 여성들을 지배할 수 있는 권한을 부여함으로써 남성들을 기득권자로 만들고 여성은 수동적인 존재로 억압받고 사는 것을 당연하게 생각하게 한다.

남성들이 기득권을 향유하고 있고, 여성들이 가부장적 권위주의에 저항하지 않는다면, 가부장적 권위주의의 사회적 압력은 여성들 자신의 행위에 의해서, 그리고 남성들의 행위에 의해서 재생산된다. 가부장적 권위주의의 재생산은 남성에 의한 여성의 지배를 정당화하고 남성의 우월성과 여성의 열등성을 정당화한다. 그럼으로써 남성들은 가부장적 권위주의의 사회 압력에 편승하고 스스로 우월성을 증명하여야 할 부담을 지지 않고 있다. 여성들은 가부장적 권위주의의 가치인 사회적인 압력에 압도되어 스스로 열등성을 인정하고 있는 것이다.[22]

여성에게 다가오는 지배적이고 폭력적인 모습은 「解決策」[23]에서도 두드러지게 나타난다. 그러나 이 소설에는 남편에게 버림 받은 덕순과 남편 외에 김미라라는 양공주가 등장하면서 작가가 지향하고자 하는 독립적인 가치와 의식세계를 보여준다.

「解決策」에서 만삭이 다된 덕순은 남편 관오가 첩을 둔 사실을 알게 되면서 자신은 이제 어처구니없는 기막힌 자리를 지키고 있다고 생각한다. 덕순에게 남편은 모든 것을 뜻할 정도로 절대적인 존재이다. 그러나 관오는 열 살이나 위인 퇴기에게 빠져 두 명의 딸과 만삭인 아내를 버려두고 첩살이를 한다. 첩에게 차를 사주기까지 할 정도로 첩에게 목을 매단다. 그러나 관오는 덕순이 자신의 회사 근처를 지나갔다는 이유만으로 집에 와서 폭력을 행사할 정도로 아내에 대해서는 조금도 애착을 갖지 않는다. 덕순은 관오의 옷을 가지러 오는 권노인에게서 관오가 첩에게 차를 사주었다는 말을 듣고는 어떡해서든 그 차를 한번 보아야겠다는 마음에 관오의 회사를 찾아간다. 그러나 막상 회사 앞에 와서는 어떻게 말을 꺼낼지 엄두가 서지 않을 정도로 자신이 없다. 덕순은 두 눈으로 어처구니없는 현실을 확실히 알아보기나 하자며 자신의 마음을 다독거리며 회사 앞을 떠나지 않는다. 그러나 덕순의 마음은 혼란과 불안함에 차츰 갈피

---

22) 이홍균, 『소외의 사회학』, 한울, 2004, 168~169면.
23) 강신재, 「解決策」, 『戱畵』, 啓蒙社. 1956년 작품.

를 잃어 이제는 그 자동차를 한번 보기만 하면 좋겠다는 정체성의 큰 혼란에 빠진다. 회사 앞에서 관오를 기다리지만 이미 퇴근해서 만나지를 못하게 되자 관오와 자동차를 보지 못한 것에 오히려 설움을 느끼고 눈물을 흘린다.

덕순이 관오와 자동차에 집착을 하는 것은 자신이 처한 상황을 제대로 인식하지 못한 까닭이다. 자신을 버리고 다른 여자에게 사준 자동차를 보고 싶어 하는 열망은 정상적인 감정일 수 없고, 정상적인 가치관을 지닌 것이라고 할 수 없다. 덕순은 눈물을 흘리다 남편이 탄 것 같은 차가 지나가는 것을 보곤 쫓아가다가 아예 그 첩이 살고 있는 청운동의 골목에까지 가서 차가 오기를 기다리며 기웃거린다. 그러나 차가 도착하고 덕순을 발견한 관오는 덕순을 보자마자 마구 때리기 시작한다.

> 뒤이어 꾀꼬리색으로 아래위를 휘감은 여자의 모양이 차 속에 엿보였고 그와 가지런히 앉은 것이 관오라고 알아차린 바로 그 순간 관오는 마치 무엇이 폭발을 하듯 차 밖으로 튀어 나오더니 쇠몽치같은 양주먹이 덕순이의 두 볼을 후려갈긴 것이었다. 무엇을 이야기할 겨를도 없었다. 흑, 흑, 비명을 지르면서 덕순이는 갈팡질팡 몸을 피해야 했다. 관오의 주먹은 집에서 그럴 때 보다 더 사정없었고 급기야 머리채를 휘어잡아 땅에 엎어뜨리고는 발길질을 시작하는 것이었다. 미움도 설움도 이미 존재하지 않았다. 배속의 것과 둘의 몫의 생명이 본능적으로 위험을 피하려고 버둥거리는 따름이었다. ─ 어제 그것으로 앙화가 풀리지 않은 관오가 샛
> 빨갛게 독기 오른 눈을 하고 몇 달 만에 집에를 온 것이었다. 몸을 일으키는데 닷자곳자 뺨을 쳤다.[24]

관오는 자신을 찾아온 덕순을 보자마자 때리기 시작한다. 무엇가를 말하려고 온 덕순은 말할 틈을 내지도 못하고 맞고만 만다. 관오의 폭력은 덕순의 인격과 마음을 조금도 인정하거나 배려한 행동일 수 없다. 만삭이 된 덕순을 함

---

24) 위의 책, 300~303면.

부로 때리는 관오의 행태는 비인간적이며 정상적이지 못하다. 관오가 덕순을 때리는 것은 말로는 알아듣지 못하기 때문이라고 생각하지만, 덕순을 조금도 인격적으로 생각하지 않는 지배적 가치관에 연유한다. 또한 이것은 덕순을 때림으로써 첩살이를 하는 자신의 탐욕을 조금도 방해받지 않으려는 지배적 가치의 이기적인 속성을 드러낸다. 첩의 어미가 관오를 말리면서 때리기를 그만두는 관오는 그 풀리지 않은 분을 다음 날 저녁 덕순의 집에 오자마자 덕순의 뺨을 때리면서 다시 시작하려든다.

첩살이와 폭력은 가부장적 제도 하에 남성 편향적인 가치관과 남성 우월주의에서 비롯된 잘못된 행태이다. 관오는 자신의 욕망을 쫓아 첩살이를 하는 것과 덕순에게 폭력을 휘두르는 것을 당연하게 생각한다. 이러한 폭력 앞에서도 덕순은 아들을 낳는다면 남편이 돌아올지도 모른다는 희망을 가지며 기다려 봐야겠다고 생각한다. 폭력과 비인격적인 대우를 받으면서도 덕순이 아들을 낳으면 남편이 돌아올지도 모른다고 생각하는 가치관 또한 남성편향적인 가치관에서 비롯된 것이다.

덕순은 폭력을 당하면서도 남성 중심의 가치관에서 벗어나지를 못하고 아들을 얻음으로써 자신의 위치를 회복하려 한다. 덕순이 아들만 낳으면 남편이 다시 돌아올 수도 있다고 생각하는 해결책은 가부장적 권위주의에 압도되어 여성의 열등성을 의식하고 여성에 대한 남성의 지배의식을 정당화시키는 행위이다. 이로써 덕순은 자신의 정체성을 스스로 발견하지 못하고 다시 그러한 사회의식을 재생산하는 것이다. 덕순은 한 남편의 부인임에도 자기 주체성을 갖지 못하고 딸만 나은 것에 열등감을 느끼며 아들을 낳기를 소망한다. 덕순이 자신의 문제를 똑바로 바라보지 못하는 것은 덕순이 지니고 있는 가치관이 기존의 지배적 가치관이 강요하고 요구하는 가치이기 때문이다. 그러므로 덕순은 자기 정체성의 문제를 인식하지 못하고 기존의 지배체제가 요구하는 방식대로 아들을 소유함으로써 자신의 문제가 해결될 수 있다는 생각을 하는 것이다. 덕순은 여성을 열등한 존재이고 수동적인 존재로 인식하는 것에서 벗어나지 못하고 있다. 그러므로 덕순이 생각하는 해결방식은 남성에게 구속된 사고방식에서 벗어나지 못한 여성이 가질 수 있는 유일한 방법일 수 있다.

그러므로 이층에 새들어 사는 김미라는 이러한 불합리한 해결책을 이상하게 여기며 어리둥절해 한다. 김미라는 덕순에게 새로운 해결책을 내놓는다. 그러나 덕순은 김미라가 말한 '생활비라도 듬뿍 내도록 법적수단을 쓰는 것이 좋을 거'라는 해결방식을 수렴하지 못한다. 그것은 덕순이 부부라는 동일성에 대한 환상을 버리지 못하기 때문이다. 남편에게 돈을 요구한다거나 법적으로 처리한다는 것은 비동일성의 의식을 지녀야 한다. 그러나 덕순은 이미 깨어진 동일성에 대한 환상을 버리지 못함으로써 자신의 비참한 일상을 변화시키지 못한다. 그러면서도 덕순은 김미라가 기존의 사회체제에서 소외당하고 배척당하는 양공주 생활을 하면서도 당당하고 주체적으로 자신의 삶을 이끌어가는 것에 충격을 느끼며 호기심을 느낀다. 덕순에게 김미라는 양공주 생활을 하지만 꺼리김이 없이 무탈하고 쾌적한 삶을 사는 것처럼 보인다. 덕순은 김미라 태도에는 어떤 확신이 있다는 것을 느낀다.

> 김미라를 볼 때마다 덕순이의 머리에는 <양공주>라는 말이 저절로 떠올랐다. 김미라가 확실히 그것인지 아닌지는 단정할 수 없었으나 여하간 김미라는 양공주다웠다. 공주다웁게 어여쁘고 사치하고 그리고 편안해 보였다. 그리고 매춘부 다웁게 무언지 정상치않고 세우차 보였다. 그것은 아이를 낳고 남편을 섬기고 하는 자기의 그것과는 또 하나 판연히 다른 연인의 삶이었다. 그리고 현재 이 지경에 이른 자기의 방식만이 옳았다고는 입이 열이라도 할 수 없었다. ─ 아무리 어쩔래야 어쩔 수도 없다고 동물적으로 믿고 앉았던 일이 어쩌면 잘못이었을지도 몰랐다.[25]

덕순은 김미라를 보면서 첩살이하는 남편을 바라보며 자신의 삶이 현대에 맞지 않게 어처구니없게 돌아가고 있다고 생각하면서도 어쩔래야 어쩔수도 없다고 믿고 앉았던 일이 잘못이었을지도 모른다는 의식을 갖기 시작한다. 김미라는 덕순에게 자유로운 삶과 의식을 보여주는 이상화된 세계의식의 매개대상으로 작용한다. 따라서 김미라의 자유롭고 명쾌한 생활방식은 덕순에겐 이상적 유토피아의 현존으로 직접적으로 제시된다.

김미라는 양공주 생활이라는 떳떳하지 못한 생활을 하면서도 자신의 생활을 주체적으로 끌고 간다. 김미라는 어떤 사회적 통념이나 사람들의 인식을 중요하게 생각하지 않고 자기 주도적으로 자기 생활을 끌고 가는 것이다. 그녀의 삶의 방식은 남성을 대하는 태도에서도 동일하게 나타난다. 김미라는 전쟁 전 약혼한 청년이 죽었다고 생각해 양공주 생활을 시작했지만, 그 청년이 살아 돌아오자 자신의 처지를 비관하지 않고 그 청년을 동무로 삼으면서 무리하게 행복하려구 애쓰지 않는다. 덕순에겐 김미라는 이해 밖의 인물이고 어떻게 저럴 수 있을까하고 부러워하는 대상이 되기도 한다. 덕순은 남편의 폭력과 배반 앞에서도 남편이 돌아올 것을 소망한다. 덕순에게 남편은 이상화한 세계이기 때문이다. 덕순은 남성이 상징하는 기존의 관습과 제도에서 벗어나는 것을 생각해보지 못했다. 그러나 폭력과 배반으로 다가오는 남성의 부정적인 모습을 경험하면서 덕순은 남성이 제도적 사회체제로 교묘히 가리고 있는 진정한 자유로운 의식과 삶을 김미라를 통해 보게 된다. 즉 사회적으로 부정시되는 양공주 직업을 가진 김미라를 통해 오히려 부정적인 가치체제와 규범이 조롱되고 비판되고 있기 때문이다.

덕순은 김미라를 통해 자유로운 삶의 방식이 있다는 것을 경험한다. 또한 진정한 의미의 자유로움을 부러워하며 자신의 생활을 돌아보게 된다. 그러나

---

25) 위의 책, 294~295면.

정작 관오와의 문제를 아들이라는 기표의 획득을 통해 이미 깨어진 남편이라는 이상 세계에 도달하고자 함으로써 자신의 틀을 깨지 못한다. 덕순은 남편이 갖는 이상 세계가 이미 허구이기 때문에 이상세계에 대한 설정 자체가 잘못된 것임을 알지 못한다. 그녀가 이상세계로 삼아야 할 것은 남편의 사랑이 아니라 김미라의 생활을 보며 부러워했던 그 자유로운 의식세계여야 하는 것이다. 따라서 아들을 낳고 혹시 남편이 돌아온다 해도 덕순이 지향하는 진정한 의미의 이상화된 세계엔 도달할 수가 없다. 이러한 점은 자유로운 의식을 소유한 김미라가 덕순의 해결방식을 이해하지 못하는 모습에서 반증된다.

덕순과 김미라는 전통적 가치관과 진보적 가치관을 지닌 여성상으로 대조적인 모습을 보여준다. 그러나 덕순이 김미라가 양공주인 것을 알면서도 이층 방에 들이고 호기심을 갖고 쳐다보고, 그녀의 확신 있는 생활태도에 끌리는 것은 그녀의 내면에도 그러한 자유로운 의식과 삶에 대한 열망이 숨어있기 때문이다. 비록 덕순이 아들을 통해 남편이 돌아올 것을 기다리겠노라는 전통적인 가치관에서 벗어나지 못하는 모습을 보이지만, 김미라에 대한 호기심과 부러움은 그러한 가치관과 잘못된 대우에서 벗어나고자 하는 열망을 보여주며, 정체성을 회복하고자 하는 무의식적인 열망을 드러낸 것이다.

남성의 지배적인 모습과 폭력적인 행태는 현대화로 접어든 시기에 여성이 자기 정체성을 찾아나가는 데에 강한 반감과 자극을 준다. 남성이 지배적이면 지배적일수록, 폭력적이면 폭력적일수록 여성은 정체성을 회복하는 것에 강한 열망을 보인다. 이러한 열망은 구체적인 행동으로 나타나지 않으나 강신재 소설에서 여자 주인공 내면의식에 곳곳에 드러난다. 즉 여성적 자아는 남성을 중심으로 한 지배 체제의 부정성 속에서 여성으로서의 정체성을 세워나가고, 하나의 인격체로서 주체성을 회복해 나가는 데에 강한 열망과 조짐을 보여준다.

IV. 삶의 방식의 변화와 탈주의 의미

강신재 소설에서 남성과 여성의 관계는 기존의 전통적 질서와 가치 안에서 이루어진다. 그러나 사회적 환경이 변화하고 혼융됨에 따라 남성의 위치와 역할이 불안정하게 변하고 그에 따라 여성의 자아의식과 사회적 지위의 자리도 점차 변화해간다. 이때 여성의 의식은 현가치 체계를 스스로 진단하게 되는 데 그것은 바로 무의미 즉 허무주의1)를 표방한다. 여성이 현실을 무의미하

---

1) 소외문제는 구체적으로 헤겔에게서 중요한 철학의 주제로 등장한다. 헤겔은 ≪정신현상학≫에서 정신의 전개과정을 주관정신, 객관정신, 절대정신으로 나눈다. 주관정신의 계기들은 다시 의식, 자기의식, 이성으로 구분한다. 헤겔에 있어서 정신의 계기들은 바로 변증법적 계기들이며, 그 각각의 지양에 의하여 다음 단계로 발전한다. 지양은 모순과 통일을 포함하므로 그것은 곧 소외와 소외의 극복을 뜻한다고 볼 수 있다.
의식의 자기분화와 자기동일화는 자기 지양의 운동으로서 그 결과 자기의식이 전개된다. 그러나 자기의식은 우선 자기를 떠나므로 자신을 상실하고, 다음으로 자기의식은 타자로 지양되어 타자 안에서 자신을 보기 때문에 이중적일 수밖에 없다. 헤겔은 「이중화 안에서의 정신적 통일성 개념의 분리는 우리들에게 인정의 운동을 표현 한다」고 말한다. 이 말에 의하면 자기의식은 소외를 통해서 인정된 것과 인정하는 것의 양 극단으로 분화된다는 것을 알 수 있다. 그러나 주인과 노예의 예를 통해서 알 수 있는 것처럼 양 극단의 분화는 의식의 자발성에 의해서 이성으로 지양된다. 주인은 모순을 해결하는 힘이 없이 욕구의 대상, 곧 물성의 본질적 의식에만 관계하므로 자발성을 결여하고 따라서 삶은 이와 같은 의식에 종속한다. 그렇지만 노예는 자신의 노동에 의하여 사물을 변형시키고 자발적인 자기 자신으로 귀환하기 때문에 상의 힘에 의하여 사물을 개념으로 보편화시킨다는 것이 헤겔의 생각이다. 주인과 노예는 처음부터 인정된 것이긴 하지만 주인은 변화 없이 그대로 남아 있는 반면에 노예는 노동에 의하여 인정하는 것을 획득함으로써 인정된 것과 인정하는 것을 보편으로 지양하는 자기의식의 자발성을 획득한다. 이렇게 볼 때 헤겔의 소외는 정신의 변증법적 소외이며 그것은 인식론적 성격과 아울러 존재론적 성격을 소유한다.

니체는 인간의 소외현상을 허무주의 내지 퇴폐라고 부른다. 니체는 근대문명과 인간의 특징을 허무주의로 본다. 허무주의는 현존재에 대한 지금까지의 가치해석의 결과이다. 니체가 말하는 현존재는 인간과 문명을 모두 포함한다. 니체가 말하는 허무주의는 현존하는 가치, 의미, 및 소망에 대한 전적인 거부이다.

니체는 근대문명에서 나타나는 허무주의의 원인을 여러 가지 점에서 찾는다. 첫째는 인간은 더 이상 창조적 힘을 소유하지 못한다는 것. 다음으로 현존재는 천민으로 전락하였고 대중과 독재가 지배하며 인간은 자신에 대한 신뢰를 상실한 점. 마지막으로 보다 더 높은 모든 유형이 몰락하였으며 불안하게 된 점을 들 수 있다. 그리고 더욱 근본적인 원인은 바로 '신의 죽음'이라고 말할 수 있다. '신의 죽음'에서 신은, 곧 기독교의 신이며 그것은 초감각적인 것이다. 초감각적인 것은 이상, 규범, 규칙, 목표, 가치, 원리 등의 다양한 의미를 소유한다.

그러나 니체의 허무주의는 절대적 허무주의가 아니라 현존재에 대한 그의 해석의 결과로써 어디까지나 현존재에 대한 진단이라고 말할 수 있다. 니체는 처음부터 끝까지 본래적 인간상을 추구하고 있는 것이다. 따라서 니체의 허무주의는 근본적으로 동적인 차원에서 파악하지 않으면 안 됨으로 필연적으로 이중적 측면, 곧 부정적 측면과 궁극적 적 측면은 동시에 소유한다. 부정적 측면은 현존재의 타락, 문명의 몰락, 인간의 신뢰상실 그리고 더 나아가 형이상학의 종말을 뜻한다. 긍정적인 측면은 니체의 허무주의는 모든 가치의 전도, 힘에의 의지, 초인 등의 개념과 불가분의 연관성을 소유하게 되며 그렇게 함으로써만 긍정적인 측면을 가질 수 있다.

니체철학에 있어서 철학의 목표는 본래적 인간상의 회복에 있다. 현존재의 해석결과는 바로 인간의 소외이다. 허무주의의 극복은, 곧 소외의 극복이며, 소외의 극복은 모든 가치들의 전도를 초래함으로써 새로운 가치를 정립한다. 새로운 가치를 창조하고 체험하는 인간은 니체에게 있어서 본래적 인간이다. 「보다 높은 인간은 비인간이며, 초인이다.」 소외된 인간에 비하여 본래적 인간은 역설적으로 비인간 내지 초인으로 등장한다. 니체는 초인에 관하여 여러 가지로 표현한다. 그러나 이 섬광은 초인이라고 불려진다.」 「초인은 대지의 의미이다.」 「나는 인간에게 그들의 존재의 의미를 가르칠 것이다. 그 의미는 초인이다.」 「모든 신들은 죽었다. 이제 우리는 초인이 살기를 원한다.」 이처럼 니체가 말하는 초인은 곧 전통도덕 내지 가치의 전도를 통한 새로운 가치를 암시할 뿐만 아니라, 그것은 다시금 힘에의 의지 또는 디오니소스 그리고 짜라투스트라를 뜻하기도 한다.

니체는 소외와 허무주의를 동일시한다. 그러므로 허무주의가 극복될 경우 비로소 본래적 인간상이 확립될 수 있다. 니체는 허무주의의 구체적 현상을 퇴폐라고도 말한다. 니체는 대표적인 퇴폐현상을 다음과 같은 몇 가지로 본다.

첫째, 사람들은 구원의 수단을 택하기 위하여 인간의 고갈을 촉진하는 수단으로서 기독교를 택하는데 그 안에 '진전'이 속한다. 둘째, 사람들은 탈개인화와 의지의 몰락을 자초하며, 그리하여 이타심과 연민이 나타난다. 셋째, 사람들은 원인과 결과를 구분하지 못하고 퇴폐를 생리학적인 것으로 파악하지 못함으로써 자신을 악한 존재로 발견하여 이로부터 종교적 도덕이 발생한다. 넷째, 사람들은 더 이상 고통이 없는 상태를 동경하여 삶을 악의 근거라고 생각하며 의식과 느낌이 없는 수면이나 무력의 상태(종교적 상태)를 가장 가치 있는 것으로 생각한다. 이상에서 볼 것 같으면 탈개인화, 종교적 도덕, 수면이나 무력은 니체가 보기에 모두 퇴폐현상이다. 퇴폐현상은 더 이상 생명이나 힘을 인정하려고 하지 않는다. 비록 표면에는 이타주의와 명상 그리고 경건한 종교적 도덕이 자리 잡고 있다고 할지라도, 전체적으로는 무의미할 뿐이다. 따라서 퇴폐현상은 다름 아닌 허무주의 이외의 다른 것이 아니다.

니체에게 있어 허무주의의 극복과 그 성립하는 가치는 어떤 것인가가 문제되지 않을 수 없다. 즉 니체의 허무주의는 지금까지의 신 중심의 모든 가치를 부정하며, 따라서 새로운 가치, 예컨대 힘에의 의지나 모든 가치들의 전도 또는 초인 등의 시발점이 되고 또한 이들 두 측면의 전환게 여기게 되는 까닭은 기존의 관념 안에서 알고 있는 가치와 의미가 무너지면서부터 시작된다. 이러한 관념이 허무주의로 나아가는 것은 미래에 대한 소망을 답보하지 못했기 때문이다.

1) 무의미한 삶의 방식에 대한 의미 고찰

「어떤 解體」[2]는 한 여성이 자신의 삶에서 절대적인 가치였던 남편의 죽음을 맞아들이면서 정신적으로 분열을 경험하는 서사구조를 가지고 있다. 남편의 죽음은 남편이 전적으로 삶의 의미와 목적인 여성에게 미래의 삶에 어떠한 희망과 소망을 남겨두지 못한다.

이처럼 남성위주의 전통적인 가치와 세계의 몰락은 전통적 가치관을 지닌 여성에게 불안과 상실감을 심어준다. 그러나 자신의 삶에서 남성이 절대적 가치가 된 여성적 자아는 이미 그 자신과 세계에서 전적으로 소외된 존재일 따름이다. 절대적 가치는 그 가치 속에 진실을 함유했을 때 진정한 가치의 의미를 획득할 수 있다. 따라서 자아와 현실에서 소외된 여성적 자아의 소외 문제는 기존의 가치 속에 진실을 답보한다면 소외의 구조 속에 그러한 세계 안에서 살아갈 수 있으나, 진실을 획득하지 못할 때에는 가치의 붕괴와 함께 여성적 자아의 해체가 이루어질 수 있다.

점 역할을 동시에 행한다. 그러나 니체의 허무주의 또한 바로 변증법적 성격을 가지고 있어서 그것 자체가 지양되는 현상을 보여준다. 결국 니체가 주장한 '형이상학의 종말'을 재해석한다면 그것은 '전통 형이상학의 종말'을 뜻한다. 그렇다면 그 결과는 다시 '새로운 형이상학의 시작'일 수밖에 없다. 이와 같은 맥락에서 볼 때, 허무주의는 현존재의 파괴이고 형이상학의 종말이며, 또한 종교적 도덕의 부정이면서 동시에 새로운 가치를 향한 과정이기도 하며, 궁극적으로는 힘에의 의지를 정립하는 시초이다. 니체에게서 이와 같은 변증법적 운동의 논리가 가능한 것은 허무주의의 본질적 근거는, 곧 현존재 인간이며, 인간의 존재근거는, 곧 동적인 힘에의 의지이기 때문이다. 이상, 강영계, 『니체, 해체의 모험』, 고려원, 1995, 126~134면 참조.

2) 강신재, 「어떤 解體」, 『戲畵』, 啓蒙社. 1956년 작품.

「어떤 解體」에서 주인공 시정이 겪는 남성의 죽음은 자발적인 의지에 의해서가 아니라 외부적 환경의 요인에 의해서 이루어진 것이기 때문에 새로운 가치에 대한 의지를 가질 수 없다. 따라서 남성의 진실을 답보하지 못하는 것은 곧 여성의 분열을 뜻하고 새로운 가치질서에 대한 의지를 나타내지 못한 채 모든 삶의 의욕과 의미의 상실만을 보여줄 뿐이다.

아내 시정은 남편 현구가 전사했다는 소식을 듣기 전부터 그를 기다리는 일이 일상생활이 되었다. 자동차 공장에서 일하던 현구가 전쟁으로 제주도로 훈련을 떠난 뒤 그를 기다리는 것이 그녀가 할 수 있는 일의 전부가 된 것이다. 시정은 아버지 운전수였던 현구를 사랑하면서 여자대학을 중퇴했고, 현구와 결혼하기위해 집과의 인연을 끊을 정도로 현구를 사랑했다. 하지만 힘들게 결혼을 하였건만 시정이 현구를 기다리는 내내 느끼는 감정은 권태로움과 고립과 낙오감일 뿐이다.

> 편지를 기다리는 일. 혹시나 꿈같이 돌아와 줄지도 모르는 모습을 기다리며 사는 일. 그것이 시정이가 지금 살아있는[까닭]이었다. ─ 몸서리나는 전쟁의 입김을 시정이는 이렇게 풀밭에 앉아서 멀거니 바라보고 있는 것이었다. (내가 인제 무얼 할 수 있을까?) 그는 꿈속에서와 같이 그런 생각을 더듬어 보기도 한다. (아무 일도. 사랑하는 일밖엔)[3]

현구를 기다리는 일이 전부인 시정에게 찾아오는 권태로움은 전쟁을 포함한 모든 일상생활과 객관적 현실에서 그녀만이 소외되었음을 뜻한다. 시정은 얼마 떨어지지 않은 지역에서 치열하게 진행되는 전쟁의 진행상황을 별로 동요하지 않고 풀밭에 앉아서 멀거니 바라보고 있다. 전쟁에서 그녀가 할 수 있는 일은 아무것도 없다. 그녀가 할 수 있는 일은 오직 사랑하는 일밖에 없다고 생각한다. 이처럼 시정은 현실과 전혀 별개의 사람처럼 소외와 고립감을 느

---

3) 위의 책, 12~14면.

낄 뿐이다.

> 얼마 떨어지지 않은 지역에서 전투는 현재도 치열해 가기만 하고 있는 것
> 이었다. 지금 이렇게 권태에 쌓여서 앉아 있다는 일은 그 전쟁의 실감과 이
> 상하게 어긋나면서 고립(孤立)과 낙오감(落伍感)을 안겨 주는 것이었다.(나
> 는 아마 바보가 되었다······ ― 모서리나는 전쟁의 입김을 시정이는 이렇게
> 풀밭에 앉아서 멀거니 바라보고 있는 것이었다. (내가 인제 무얼 할 수 있을
> 까?) 그는 꿈속에서와 같이 그런 생각을 더듬어 보기도 한다. (아무 일도. 사
> 랑하는 일밖엔) 그리고 그 사랑한다는 일조차도 이제 와서는 괴로울 따름
> 인 무더운 감동과 혼돈속의 몸부림치는 의식일 뿐이었다.4)

시정은 현구에 대한 의식 말고는 어떠한 것에도 적극적으로 가담하지 않는
다. 그녀에게는 현재 전쟁 중인 상황도 그다지 중요하게 보이지 않으며 그것
에 대한 어떠한 자아의식도 존재하지 않는다. 그녀는 감각적으로 그를 사랑
하고 그에게 모든 것을 걸면 그뿐인 것이라고 생각했다. 이러한 시정의 소외
된 모습은 니체의 소외원인 중에 '탈개인화와 의지의 몰락'의 모습을 보여준
다. 즉 모든 세계에서 현구에 대한 의식만을 절대시하고 모든 것에 의미를 부
여하지 못함으로, 현구에게 종속되어 있어 자기만의 의식세계를 고양하지 못
하는 상태에 놓여있음을 뜻하는 것이다. 이렇게 그녀 자신과 세계에서 소외
되어 있는 자아의식은 극복되어야 할 문제적 모습이다. 따라서 시정의 의식
에서 절대화되어 있는 현구의 실체가 조금씩 드러나면서 시정은 자신이 소외
된 현실을 서서히 직시하게 된다.

그것은 현구의 집에 예쁘장하나 무식해 보이는 소녀가 찾아와 아내인 시정
을 만나며 놀라 원망하는 말을 듣는 것에서 시작한다. 소녀는 시정을 보자 자
신이 속았다며 결혼한 사람인줄 알았다면 왜 현구를 기다리겠냐며 피난 올

---

4) 위의 책, 14~5면.

때 수원서 넣어두었던 슈미즈, 나이롱 양말 등을 가방에서 찾아갔다. 현구를 절대적으로 믿고 의지하던 시정에게 작은 소녀의 출연은 현구에 대한 믿음을 와해시키는 계기가 된다. 시정은 곧 자신이 생각하는 꿈에서 깨어나 현실을 인식하기 시작한다. 그녀가 다녀간 뒤 시정의 미간에는 세로로 깊은 주름살이 생기었다. 시정의 생활에서 달라진 것은 없지만 밤에 자리에 누었을 때 전신이 땅속으로 자자드는 것을 막기 위해 베개 깃을 움켜쥐는 모습이 달라진 모습이다. 이러한 모습은 소녀가 다녀간 뒤 스스로 분열되어가는 것을 인식하며 막아내기 위해 안간힘을 쓰는 모습이라 할 수 있다. 시정은 부산에 패물을 처분하고 오던 날, 현구가 이동 도중 선박내의 사고로 죽었다는 사망통지서를 받는다. 날짜를 보니 잠시 헤어져 있었던 현구를 찾아온 때보다 더 일찍이 세상 사람이 아니었던 것이었다. 이 사실은 시정에게 끝없이 기이한 느낌을 주었다. 시정은 이곳에서 일어난 그 일체가 사랑도 슬픔도 의혹까지도 존재하지 않는 대상을 상대로 했었다는 아연한 느낌을 받자 무엇보다 큰 고독감을 느꼈다. 그렇게 모든 것을 버릴 만큼 현구를 사랑하고 선택했던 시정에게 현구의 죽음은 그녀의 정신(精神)을 이루고 있는 매듭이 하나하나 완전히 풀려서 분해(分解)되어 가도록 하였다. 현구의 죽음은 곧 그녀가 믿고 의지하는 세계가 사실은 허구적인 것에 다름 아니었다는 것을 알려준다. 그러나 사실 시정은 현구의 죽음을 통보받기 전부터 현구를 기다리는 일에 권태를 느끼며 전쟁 중에서조차 고립감을 느끼는 것에서 자신의 정체성에 회의를 갖기 시작했다. 이러한 조짐은 시정이 스스로 정체성을 회복하고 찾아 나서기 전에 소녀의 출현과 현구의 죽음을 맞아들이면서 분명한 자아의식을 갖지 못한 상태였기 때문에 자기 분열로 이어질 수밖에 없게 된 것이다.

시정은 자신이 절대시하였던 현구에 대한 감정이 사실은 이미 죽은, 현실적으로 존재하지 않았던 존재에 대한 감정이었다는 것에 큰 고독을 느끼면서 자신이 현구에게 느끼는 감정이 허구적인 것이라는 것이었음을 깨닫는다.

따라서 현구의 죽음은 시정이 절대시하였던 세계의 해체를 뜻하고 이에 따라 현구에게 가졌던 시정의 감정 또한 허구적인 것이었음을 깨달으면서, 시정의 의식은 새로운 가치에 대한 소망을 지니지 못한 채 분열과 해체를 경험하는 것으로 끝난다.

이렇게 남성에 의지해 다른 어떤 생활이나 의식을 주도적으로 가져보지 못한 여성의 모습은 「洋館」5)에서 강하게 나타난다. 자매인 유진과 유선은 전적으로 남성에게 의지했던 현재의 삶이 무너지면서 삶에 의욕을 잃고 무의미하게 느낄 뿐이다.

동생 유선은 결핵환자였던 남편이 죽자 집에 돌아와 언니와 함께 사는데 언니인 유진 또한 남편의 외도로 이혼한 후 돌아가신 부모님의 집에서 사는 형편이다. 둘 다 가정의 파탄을 경험하고 집에 돌아와 사는데 두 여성의 의식은 옛 남편과의 시간을 기억하고 의미를 부여하는 것에서부터 커다란 차이점을 보여준다.

유선은 남편이 죽었음에도 남편과 함께 두었던 장기를 배우러 가기 위해 일주일에 세 번을 꼬박 채우며 기원에 나간다. 유선이 기원에 나가는 이유는 그곳에 가면 예전에 있던 물건들이 그대로 놓여있고 사람들도 변함없이 살고 있어 자신도 아직 살고 있다고 느낄 수 있기 때문에 나가는 것이다. 유선은 이런 것 마저 자신에게서 떨어져나간다면 불안을 이길 마음이 없기 때문에 기원에 가는 것을 빠지지 않는다.

> 그 남편이 지금은 죽어서 없으니까 유선이 그곳에 가야 할 이유라곤 없었
> 다. 서른이 다 되어가는 여자가 아무렇게나 양복떼기를 걸쳐 입고 거기에
> 를 드나드는 광경은 보기 좋은 것이라기보다는 무언가 그로테스크하기까

---

5) 강신재, 「洋館」, 『파도』, 大文출판, 1970.

지 하였다. 유선은 그래도 거기를 간다. 그 곳에 가면 예전에 있던 물건들이 그대로 그 자리에 놓여 있고 사람들도 변함없이 살고들 있었다. 자기도 역시 아직 살고 있다는 느낌이 어렴풋이나마 들곤 하므로, 가는 것이었다. 그런 것들과 마저 모조리 떨어져 버린다면 불안을 이길 길이 없을 것 같았다. 세계는 눈에 보이는 외형에서나마 제발 변함이 없어야 하였다.6)

유선은 남편이 죽은 후에도 남편이 살아있을 때의 시간을 회상하며 그것을 놓치지 않기 위해 그 그림자라도 잡으려 한다. 이것은 남편을 전적으로 의지하고 스스로의 힘으로 생활해보지 못한 유선이 취할 수 있는 유일한 방법이기 때문이다. 만일에 이런 남편의 그림자를 느낄 수 있게 하는 사물들을 의식 속에서 놓아버린다면 그녀의 의식은 현재 새로운 가치를 찾아내지 못했기 때문에「어떤 解體」의 시정처럼 불안과 분열을 경험하게 될 것이다. 그러나 유선과 달리 유진은 남편과 이혼하고 엄청난 충격을 받은 후 기존에 지니고 있던 의식의 전부를 부정하고, 자신의 생활 전체에서 모든 의미를 잃어버린 채 '생활하는 사람 같지 않게 생활'하는 모습을 보여준다.

　– 유진은 달랐다. 무의미한 일은 일체 하지 않았다. – 유진은 눈을 들어 부친의 서재께를 바라보았다. – 인도주의적인 이상주의적인 또는 낭만적인, 세계의 두뇌의 산물들에 의하여 뿜어내지는 광채 때문에 그랬었는지 알 수 없었다. 혹은 그 곳에 생활하며 끝까지 인생을 신뢰한 부친의 탓이었을지도 몰랐다. 유진에게 책을 읽히고 그리고 인간의 성실함이란 것을 믿도록 만든 것은 여하간 그 사람이었다. 반발과 어느 만큼의 증오를 눈에 담고 유진은 그 곳을 응시하였다. 자기에게 그 같은 <교육>을 안하였던들, 확실히 하나의 왜곡(歪曲)이 틀림없는 – 그것은 보편적인 것이 아니라는 의미에서 – 그런 신앙을 부어 넣어 주지 않았던들, 자기를 자연아(自然兒) 그대로 내버려 두었던들, 어쩌면 이런 세계에서라도 살아 나갈 힘이 남겨졌을지 모를 일 아닌가 / 가엾은 유선에게 착한 사람이 되라고만 가르친 것은 부친의 <죄>가 아니었을까?7)

---

6) 위의 책, 330~331면.

유진은 남편이 자신과 결혼생활하고 조금 후에 또 다른 결혼생활을 하고 아이까지 기르고 있다는 사실을 알고 커다란 충격을 받았다. 따라서 유진은 자신이 지금까지 받아온 교육을 전적으로 부정하면서 기존의 가치질서를 부정한다. 즉 유진은 어릴 적 아버지의 따뜻했던 세계를 생각하지만 아버지의 이상주의적인, 낭만주의적인 교육이 현실에서 어떠한 영향력도 끼치지 못한다고 생각하며 그러한 세계를 철저하게 부인한다. 이 모든 것을 부인하는 유진에게 세계는 무의미하게 느껴지기 때문이다. 그녀의 무의미한 생활은 수도를 고치러 온 건장하고 아름다운 청년에게 성적인 폭력을 허용할 정도로 무미건조해진다. 그리고 그와 여러 번 만나면서도 그에 대해 조금도 알려하지 않는 파탄적인 내면의식을 보여준다. 또한 유진은 유선이 관절염으로 고통스러워하는 모습을 보며 유선이 그 고통을 참아내야 할 필요가 있을 것 같지 않다고 생각하며 밤새도록 유선에게 치사량의 수면제를 먹이고 싶은 갈등을 겪을 정도로 삶에 대한 의미를 조금도 갖지 못한다. 그러나 유선은 자신과는 달리 누군가 잡아주기만 하면 생활을 잘 할 것이라는 생각이 들면서 치사량의 수면제를 자신의 것으로 남겨둠으로써 생활에 대한 의욕과 의미를 완전히 상실한 채 죽음에 대한 의지를 보여준다. 유진은 수도를 고치러 온 수리공이 청평에 일하러 갔다가 다시 왔을 때 유진에게 '좀더 청소를 하고 정리를 하고 불도 더 많이 때면서 생활을 하지 않으면 안 되는 것'이라는 말을 하는 것을 들으면서 젊은 남자가 열을 올리며 한참을 얘기하는 이유를 이해하지 못하는 듯 모르겠다는 얼굴로 물끄러미 그 입모습을 쳐다볼 뿐이다. 유진은 모든 것에서 무의미함을 느낀다. 유진의 이러한 생활은 어떠한 외부적 자극이 와도 변화되지 않는다.

그녀가 이렇게 절대적으로 의미를 느끼지 못하는 것은 유선과 마찬가지로

---

7) 위의 책, 331~333면.

남성에게 전적으로 의지했던 관념과 의식 때문이다. 남편에게 버림받은 배반과 상처는 그녀의 생활을 모두 정지시킬 만큼 치명적인 것이었다. 그러나 남성의 부재가 유선과 유진에게 주는 의미는 다르다. 유선은 남편이 결핵이라는 어쩔 수 없는 죽음의 방식으로 죽었기 때문에 남편과 함께 했던 과거의 시간에 대한 향수와 그리움이 그대로 남아있다. 따라서 이러한 향수와 그리움은 유선의 자아를 과거의 시간에 집착하게 하고 그곳에서만 삶의 의미와 의욕을 가질 수 있다. 그러나 남편의 존재가 없는 현실에서 과거의 시간에 집착하는 것은 현실을 받아들이지 못하는 허구적인 존재로 추락하는 것을 의미한다. 즉 현실에는 존재하지 않는 거짓된 세계에 그녀 자신을 둠으로써 현실을 직시하지 못하고 퇴행하는 의식을 보여주는 것이다. 그러나 유진은 남편의 외도로 남성의 부정적 실체를 경험하게 됨에 따라 남성으로 표방된 모든 가치체계를 혐오하고 부정하는 모습을 보여준다. 동시에 이러한 부정적 의식은 남성으로 표방되어오던 기존의 가치 세계를 믿고 따랐던 여성적 자아를 부정하고 해체하는 의식적 구조를 보여준다. 기존의 가치체계에 종속되어오던 여성적 자아는 남성으로 표방되는 기존세계의 가치질서의 실체를 깨닫게 되면서 그 속에 속한 자아를 부정하게 된다. 그러나 유선과 마찬가지로 유진의 해체의식은 여성 자신에게서가 아니라 남성에게서 오는 타자화 된 의식구조가 무너지면서 온 것이기 때문에 자발성을 갖지 못하고 새로운 가치와 의식을 꿈꾸지 못하게 한다.

하지만 지배 사회의 부정적 실체를 깨닫고 그 속에 속한 여성적 자아를 부정적으로 인식하는 것은 새로운 가치 세계로 나아갈 수 있는 필연적 과정이라 할 수 있다.

「황량한 날의 동화」[8]에는 남성에 대한 부정적 인식으로 인해 무의미한 삶

---

8) 강신재, 「황량한 날의 동화」, 『젊은 느티나무』, 민음사, 1995.

을 사는 여성이 타자화 된 의식구조의 한계를 넘어 새로운 가치세계를 꿈꾸는 모습이 나타난다.

아내 명순의 삶은 남편에 대해 체념하는 무관심으로 점철된다.

소설 서두에서 명순은 누워서 수녀들의 합창을 듣고 있다. 그것은 어느 오페라의 한 장면이어서 책상 위에 놓여 있는 조그만 라디오로부터 흘러나오고 있었다. '세계의 종말이 다가왔다. 소리는 무겁고 어둡고 운명적인 비애에 싸여 거의 신음하는 것처럼 들렸다.'에서 명순은 라디오로부터 흘러나오는 음악을 운명적인 비애에 싸여 신음하는 것처럼 듣는다.

명순은 음악소리를 듣고 느끼는 것처럼 세계의 끝에 와 있는 것 같은 운명적인 비애에 싸여있다. 세계의 끝에 천당이 열린 것인가를 생각할 때 테너의 솔로가 현세적인 희비를 호소하는 육감적인 음성이 들린다. 현세적인 희비 속에서 운명적인 비애를 느낀다. 명순이 음악소리를 들으며 세계의 끝을 생각하는 것은 의식과 느낌이 없는 무력의 상태를 드러내는 허무주의의 모습을 드러낸 것이다. 이러한 허무주의의 현상을 니체는 퇴폐현상이라고 일컬었는데, 퇴폐현상은 더 이상 생명이나 힘을 인정하지 않고 어떤 새로운 삶에 대한 인식이나 의식을 거부하는 모습을 드러낸 것이라고 할 수 있다.

이처럼 명순은 자신의 비애를 타개하려 하지 않는다. 명순의 비애는 남편 '한수'로부터 비롯되었지만 그녀 스스로도 어두운 모습이 짙기 때문이다. 명순 편에서 한수에게 꽤 적극적으로 접근하고 결혼한 것도 고민에 싸인 사나이의 어두운 매력에 끌려 있기 때문이다.

명순에게 한수가 매혹적으로 보였던 것은 실의의 구덩이에 빠져 있을 때였다. 한수의 모습은 「어떤 해체」, 「洋館」에 등장하는 기존의 남성적 모습에서 많이 벗어나 있다. 한수는 감정에 민감한 청년으로서 스스로 감정의 학대를 받으며 고민에 싸여있는 존재이다. 명순이 이러한 남성에 이끌리는 것은 기존의 가치 질서로 표방되어오던 가해적인 남성적 이미지를 거부하기 때문이다. 한수는 사회에서 요구하는 남성으로서의 모습을 갖추지 못하고 와해되는 모습을 보여준다. 따라서 명순이 한수에게 느끼는 것은 사랑이라는 감정보다는 무너져 가는 세계에 대한 연민에 가깝다. 이러한 연민의식은 허무의식의 일말을 보여준다.

따라서 명순은 스스로 감정의 학대를 받는 한수와 결혼을 하면서 한수의 세계가 지니고 있는 허무의식에 더 깊이 침잠된다. 무엇보다 명순이 한수에게서 이끌린 어두운 그림자는 오히려 그녀 자신에게서 잠재해있는 요소였기 때문에 한수와 결혼까지 하게 한다.

명순은 민감한 가슴을 가진 한수가 감정의 부당한 학대를 감수하며 가슴 저려하면 할수록 한수를 사랑했다. 명순은 그의 정열적인 연소를 지켜보며 그를 사랑했다. 한수가 모르핀으로 분열되어가는 동안 명순 또한 한수처럼 분열되어갔다. 그러나 사회에 적응하지 못하고 자신만의 세계 속에 빠져 있는 한수처럼 명순 또한 삶에서 어떤 의미를 갖지 못한다.

따라서 한수가 모르핀에 중독 되어가는 것을 보면서도 미워하지 못하는 것은 그러한 모습이 곧 자신의 어두운 면을 자극했던 모습이었기 때문이었다. 한수의 모습은 기존의 남성의 가치 세계가 무너져 가고 있음을 나타낸다. 그러나 와해되어 가는 남성의 모습이 아편중독이라는 부정적 모습으로 표출되는 것은 새로운 세계의식과 질서를 찾지 못한 현실모습을 반영한 것이다.

따라서 명순은 모르핀에 점점 중독 되어 가는 한수를 지켜볼 뿐이다. 명순의 사랑은 보통 여성들이 보여주는 사랑의 방식과는 다르다. 한수에게 분노나 짜증을 오랫동안 내지 않는 것은 그의 어두운 모습 속에서 자신의 모습을 보며 동일시하기 때문이다 그러나 명순은 한수를 지켜보면서 그녀 또한 차차 생활에서 의미를 잃어버리고 모든 것을 버리고 싶은 욕망을 지니게 된다. 명

순은 한수를 통해 자신이 지니고 있는 어두운 면을 의식하면서 점차 무의미
한 생활모습을 보여준다. 이것은 명순 또한 한수와 마찬가지로 새로운 가치
세계를 찾지 못했기 때문이다. 이러한 모습이 명순의 생활에서 무의미와 상
념의 방식으로 나타난 것이다.

명순은 한수가 자신의 어두운 면에 갇혀 죽어가는 것처럼 함께 죽어간다.
명순의 심리상태는 미로의 복제화를 통해 다시 조명된다.

> '여자의 동체(胴體)에서 밤[夜]이 뿜어져 나왔는가. 달과 별 같은 것이 빙
> 돌고 있다. 문어 대가리 같은 또 우주인 같아 뵈는 기분 상한 붉은 덩어리.
> 해와 바닷말……. 수치와 회한과 혼란과. 모든 종류의 고뇌가 한꺼번에 폭
> 발을 한 것 같은 색체와 모양이 거기 있었다.
> 　그녀는 다시 수녀의 합창을 생각하였다. 검은 옷을 입고 들판을 그렇게
> 걸어가면 속이 후련해지는가? 모든 것을 버리고 가는 것이다. 들판 끝에는
> 무엇이 있을까. 과연 무언가가 있는 건가?[9]

명순은 벽에 붙어있는 미로의 복제화를 보며 좀 전에 들었던 음악을 다시
생각한다. 그녀의 마음은 복제화처럼 수치와 회한과 혼란, 모든 종류의 고뇌가
폭발할 것 같은 위기의 상태에 놓여있다. 따라서 명순은 수녀들의 합창을 떠올
리며 현세의 모든 희비를 버리고 들판 끝, 어딘가로 막연히 떠나기를 소망하게
된다. 이와 같이 생각하게 된 것은 한수와의 관계가 이미 정상적인 관계가 아
니기 때문이기도 하지만 그녀 자신의 자아가 어둡게 분열되었기 때문이다.

명순은 이제 한수에게 어떤 애정을 갖고 있지 않지만 헤어지지도 않는다.
그녀 자신 또한 한수처럼 어떤 것에도 의미를 두지 못하기 때문이다. 명순이
세계를 무의미하게 보는 모습은 약방을 찾는 손님들을 바라보는 관점에서도
나타난다. 비대한 노녀(老女)는 오직 자기 몸을 보하기 위해 수입 금지품인

---

9) 위의 책, 269면.

호르몬과 영양제, 플라스마를 사간다. 또한 열심히 살아가는 순자 또한 테라마이신과 알코파를 사가며 온 집안 식구가 식욕이 없다는 말을 늘어놓는다. 명순에게 순자의 요설(饒舌)은 통틀어 그저 무의미한 일로 비쳐지면서 명순 자신이 현세적인 생활에서 어떤 의미를 찾지 못하는 모습을 보여준다.

그러나 명순의 삶이 무의미한 데에는 결정적으로 모르핀에 중독 되어가는 한수 때문이다.

한수는 대학교 때부터 이미 모르핀에 중독 되어 있었다. 명순은 이미 한수에 대해 기대를 하지 않는다. 남편은 잠을 자다 깨면 거짓말을 늘어놓을 뿐이다. 명순은 결국 정상적인 관계를 갖지 못하는 남편과 소통이 되지 않으므로 남편을 사물화 시켜버리고 삶을 무의미하게 느낀다. 하지만 남편과의 소통되지 않는 관계는 그녀의 자아도 그대로 적용되어 자신을 사물화 시키고 소외시킨다.

아편 속에 빠져 있는 한수를 보며 명순은 아편을 하면 어떤 기분일까를 생각한다. 그러나 아편 속에는 아무것도 없다고 생각한다. 인간 이상의 것도, 인간 이하의 것도, 아무것도 없다고 생각한다. 명순이 추측하기에 아편 속에 인간 이상의 것도 이하의 것도 아무것도 없다고 생각하면서 남편이 추구하는 어두운 세계의 실체를 부정한다. 남편이 빠져드는 세계에는 인간 이상의 것도 이하의 것도 아무것도 없다고 생각할 뿐이다. 아편의 세계는 명순이 생활 속에서 보여주었던 무의미한 생활의 모습과 크게 다르지 않다. 명순이 음악을 듣고 복제화 그림을 보고 명상하는 것은 무의미하게 바라보는 관념의 한 단면을 보여준 것이다. 그러나 명순이 한수가 빠져드는 아편의 세계에 대해 아무런 가치를 발견하지 못하고 부정하면서 한수가 죽기를 바라는 것은 곧 자신이 잠겨있던 어두운 의식세계에서 벗어나 새로운 세계를 지향하는 의식의 일면을 보여준 것이라고 할 수 있다.

늘 어두운 남편을 피해 명순은 옥상으로 올라온다. 명순은 옥상에서 새벽이 될 때까지 앉아 있는다. 옥상은 땅과 하늘을 이어주는 상징적인 장소로 명순의 이상에 대한 소망이 반영되었다고 할 수 있다. 그런 명순은 '아무 생각도 하지 않는 물건은 아름다웠다. 아무 의미도 없고 곱게 생겨 있는 물건에는 위안이 있었다.'라고 생각하는 것처럼, 아무 생각도 하지 않는 세계와 사물에서 위안을 찾을 만큼, 명순이 바라보는 세계는 무의미하게 나타날 뿐이다. 명순이 무의미한 일상을 벗어나 찾은 곳은 바다이다. 명순은 바다를 육감적이고 욕정적으로 느낀다. 무의미한 일상에서 벗어나 육감적인 바다에 몸을 맡기는 것은 자신의 고독을 잊을 수 있기 때문이다.[10]

> 차가운 물은 육감적이고, 넘실대는 압력은 징그럽지 않을 정도로 욕정적이기까지 했다. 명순은 바다에다 몸을 맡겼다. 한수는 중독 상태에 들어가면 한 달이고 반년이고, 그 이상이고, 명순의 육체를 잊고 말았다. 그녀는 바닷물에서 오는 전신적인 압박에서 흘깃 남편의 애무를 감각하기도 하였다.(중략) 인간이 인간임을 완전히 망각할 수 있는 순간이란 얼마나 좋은 것일까. 고독을 죄처럼, 무슨 잘못처럼 버젓잖이 느끼지 않아도 되는 순간이란⋯⋯.[11]

명순은 바다를 감각적으로 느낀다. 넘실대는 압력을 욕정적으로까지 느끼면서 한수로 인한 결핍을 바다에서 채우려 든다. 바다가 상징하는 육감적이고 정욕적인 의미는 무의미한 삶과 대조를 이루며 명순의 가슴속에 육체에 대한 갈망과 사랑에 대한 욕망을 드러낸다.

---

10) 『性과 사회』, 오생근·윤혜준 공편, 나남신서, 1998, 128~129면. 사드의 논리에 따르면 에로스의 이기주의는 인간 존재의 고독에서 비롯한다. 인간은 나면서부터 혼자이며 언제나 자기 자신만을 위하는 존재이므로 다른 사람의 고통을 나누는 것은 거짓이고 타자의 고통과 불행이 나에게 이익과 쾌락을 준다는 것이다. 여기에서 보듯이 사드의 에로스는 순수하게 성애의 차원에 머물지 않고 성찰적이며 철학적이다. 에로스의 이기주의는 인간존재의 고독에 대한 자유자의 반응이라고도 할 수 있다.

11) 위의 책, 281면.

의미와 무의미, 조화와 부조화, 사랑과 사랑하지 않음의 갈등은 육체에 대한 갈망으로 새로운 구도를 갖게 된다. 바다에서 욕망을 느끼는 것은 세계와 사물을 사물화 시키고 자아 또한 소외되는 것이 아니라 세계와의 소통을 지향하는 것을 뜻한다.

그러나 수영을 하고 나왔을 때 옛 클래스메이트 세연이 명순을 알아보고 호감을 보이는 것에 명순은 단번에 그를 외면한다. 그리고 자신은 아무 일도 또 새로 시작하지는 않을 것이라는 뜻을 분명히 한다. 그것은 삶을 무의미하게 보고 있는 명순에겐 당연한 결과일 것이다. 그러나 명순은 집으로 돌아가는 시간 한수가 죽어버리는 것을 공상함으로써 무의식적으로 무의미한 자신의 삶에서 벗어나기를 소망한다. 집에 돌아왔을 때 한수는 명순의 공상대로 죽어있었다. 한수의 죽음은 아편중독으로 표방했던 무의미의 세계의 실체가 부정적으로 드러난 것을 뜻한다. 그러므로 한수가 죽기를 공상하는 것은 무의미한 삶의 방식에 길들여 있는 명순이 새로운 세계를 추구해낼 수 있는 유일한 방법일 수 있다. 그러나 이러한 공상이 현실로 이루어지면서 명순이 지니고 있던 무의미한 삶의 의식과 일상이 깨어지고 새로운 세계 속으로 진입해가는 것을 보여준다.

명순이 보여주는 무의미한 삶의 방식은 세계에서 소외된 여성적 자아가 보여줄 수 있는 삶의 방식이다. 명순은 한수의 어두운 면에서 자신의 어두운 면을 찾는다. 여성이 세계에 대한 부정적 인식을 하는 것은 남성의 부정적 실체를 인식함으로써 나타난다. 그러나 명순은 무의식적으로 타자와의 소통을 꿈꾸며 남성의 실체를 부인하고 새로운 가치세계로 나아갈 것을 의지한다.

세계 속에서 소외되고 무의미한 의식구조를 낳게 하는 사회 속에서 여성이 주도적으로 자신의 감정을 보여주는 방식은 잘못된 진실과 가치 속에 유린당한 것에 '분노'의 방식으로 표출될 수 있다. 즉 남성의 배반과 와해된 모습은 여성의 분열과 해체를 유발하거나 부정적 자아의식을 갖게 한다. 그러나 여성이 세계를 무의미하게 바라보는 것은 자신만의 고유한 세계의식을 찾지 못했기 때문이다. 여성이 자아의식을 회복하고 자신의 정체성을 찾아나가는 모습은 가해자인 남성에 의해 분열을 겪는 것이 아니라 적극적으로 반응하는 모습을 띄어야 한다. 이러한 적극적인 반응의 형식은 강신재 소설에서 기존의 가치체계와 남성의 왜곡된 행동에 대해 분노하는 모습으로 표출된다.

「祭壇」[12]에 명덕은 친구 순정으로부터 집안끼리 잘 알고 지내던 김현식을 빼앗긴다. 순정은 김현식에 대한 충동적인 사랑으로 명덕에게 접근하였고 김현식의 마음을 빼앗지만, 김현식에게 지병이 있다는 것과 각혈 하는 것을 보고 다른 남자 H와 결혼해버리는 이중적인 성격을 지닌 인물이다. 김현식의 병이 어느 정도 나으면서 명덕은 아버지끼리 친분이 있다는 이유로 별 설레임도 없이 김현식과 결혼을 한다. 그러나 결혼 후에도 명덕과 순정네 부부는 자주 만나 식사를 하곤 했는데, 어느 날, H가 찾아와 순정이 김현식과 도망갔다는 사실을 명덕에게 알려준다. 그리고 며칠 뒤 김현식이 명덕을 찾아와 아들 현미를 잘 길러달라고 부탁하고 떠나버린다.

> 짓밟혀서 버려진 그 장소에서 그냥 또 밥을 짓고 빨래를 하며 목숨을 지탱하러 움지겨야 한다는 것은 인간고(人家苦)가운데서도 가장 큰 괴롬의 하나가 아니가 싶습니다. 내가 만약 그 문깐방을 버리고 어데로던 횟닥 떠나갈 수 있었더라면 견디기에 더러 수월했을지 모릅니다. 그러나 나는 아무데로도 갈 곳이 없었읍니다. 돈도 한 푼도 없었읍니다.[13]

명덕은 남편이 순정과 떠나버린 집에서 살기 위해 안간힘을 써야하는 것 자체를 무척 괴롭게 생각한다. 그러나 명덕이 그 곳을 떠나지 못하는 것은 갈

---

12) 강신재, 「祭壇」, 『戱畵』, 啓蒙社. 1955년 작품.

13) 위의 책, 79~80면.

곳도 없고 돈도 한 푼 없기 때문이다. 명순은 남편에게 버림받았지만 생계문
제를 해결하지 못하기 때문에 그 고통을 고스란히 감내하며 그 자리에 있어
야하는 것이다.

그러나 순정과 김현식은 다시 돌아오게 되는데, 그것은 김현식의 병이 다시
재발했기 때문이다. 순정은 김현식이 각혈하는 것을 보고 명덕과 자기의 남편
을 배반할 수 없다며 집으로 돌아가겠다는 편지를 남기고 김현식을 버린 것이
다. 이에 집으로 돌아온 김현식은 자신에 대한 비웃음과 순정에 대한 경멸로
입가에 조소가 떠나지 않고 명덕은 이런 관계에 허무함만을 느낀다. 김현식은
자신을 다시 받아준 명덕에게 감사해하고 감격해하지만 명덕은 그것을 볼 때
오히려 괴롭고 허무한 감정을 느낄 뿐이다. 2~3개월 후 남편이 직장을 얻고
명덕은 둘째아들 준을 분만하는데, 6·25가 터지면서 좌경의 사상을 가졌던 김
현식은 곧 대학 내에서도 간부급의 취급을 받으며 활동하기 시작하고, 순정은
자신의 집을 여맹사무소로 제공하고 자기도 간부가 되어 열성적인 행동을 한
다. 그리고 맹렬한 폭격이 있던 날, 순정은 갑자기 명덕의 집에 찾아와서 김현
식에게 지금 같이 떠나지 않으면 영영 헤어질 거라며 함께 피난길을 가기를 종
용한다. 반복되는 상황에 분노를 느낀 명덕은 김현식에게 가버리라고 소리친
다. 김현식은 순정을 따라 피난길에 오르지만, 김현식은 연천서 죽고 순정은
다시 되돌아와 살게 된다. 순정에게 남편을 유린당하고 자신의 삶마저 유린당
하는 명덕은 마지막으로 남편이 죽음으로 돌아오자 자신의 자식만큼은 순정
과 같은 비윤리적인 자식으로 키우지 말아야겠다고 다짐 한다.

현미와 준! 나는 이들을 길러서 참다운 인간을 만들고 싶습니다. 나는 나를
줄 모르고 노래할줄 모르나 남을 해치지 않고 살아야 한다고는 알고 있읍니
다. 그 까닭에 나는 그들을 고생 가운데 던져 내놓고 먼 길을 떠나려고 하는
것입니다. 내가 돌아 올때 까지 그들은 무사히 자라날 수 있겠습니까? 만약

에 사고가 있어 그들이 몸성히 기다리고 있지를 못한다면 나는 그때에는 어
떻게 해야 합니까? 나는 신(神)이 있어 주어야 한다고 생각지 않을 수 없읍니
다. 나는 억지를 쓰며 강제로라도 그것을 만듭니다. 이렇게 신을 만들고 있는
나를 나는 가엾다고 느껴서는 안 됩니다. 신은 반드시 있어야 합니다.[14]

순정의 욕망과 김현식의 배반은 명덕에게 커다란 충격과 분노를 안겨주었
다. 또한 김현식의 죽음은 명덕에게 자식에 대한 철저한 책임의식을 심어주었
다. 또한 충동적인 순정과 김현식의 정욕적인 사랑에 희생당한 스스로를 바라
보며 현미와 준만큼은 올바른 가치관을 지닌 참다운 인간으로 키우고 싶다는
열망을 한다. 남편이 존재하나 책임질 줄 모르는 모습이나, 죽음으로 돌아온
남성의 부재는 여성에게 현실 생계의 문제를 직접 책임지는 적극적인 자아의
식을 갖게 한다. 전쟁이 낳은 참상은 여성이 자신과 그에 딸린 부양가족을 책
임져야 하는 생계문제를 도맡아 책임져야 하는 문제로 이어진다. 이러한 결과
는 '남편의 부재'로 인한 결과이다.[15] 남성의 부재는 곧 여성의 역할을 가정과
사회의 역할에서 변모시킨다. 그러나 명덕의 의식을 변화시킨 것은 남성의 부
재로 인한 현실보다는 이러한 부재를 가져오게 한 남성의 배반된 모습과 순정
이 드러냈던 비윤리적인 모습에 대한 저항감과 분노 때문이다.

남편의 무책임한 행태와 죽음, 순정의 비윤리적인 모습은 명덕의 생활 전
체를 흔들고 고통스럽게 했지만 명덕은 그러한 경험 속에서 참다운 인간상을
지향하는 새로운 가치세계를 발견한다. 그러나 명덕이 먼 길을 떠나 공부하
기에 앞서 현미와 준에 대한 걱정은 명덕이 자신의 길을 이루어 나가는 데에
커다란 갈등이 된다. 여성에게 자기 정체성을 찾을 수 있는 공부와 자식을 부
양해야 하는 사실은 합치되지 못하지만, 명덕이 이런 갈등을 극복해가고자
하는 데에는 자신이 믿고 있는 신념이 옳다는 사실을 신이 있어 보장해주어

---

14) 위의 책, 86면
15) 이임하, 앞의 책, 27면.

아이들도 돌봐 주어야 한다고 강하게 피력하면서, 주체적 여성으로서 자아를 회복하고 새로운 가치 있는 길을 찾아나갈 것을 의지하는 모습을 보여준다.

2) 여성의 새로운 의식과 추구하는 세계

강신재 소설에 나타난 기존의 사랑의 방식과 남성들에 대한 인식은 부정적 의식으로 점철된다. 남성들은 기존의 담론체계에서 전통적 도덕과 가치로 여성들에게 권력을 행사하는 존재이기 때문이다. 이에 강신재 소설에 나타난 여성들은 남성적 존재의 우월성의 근거가 되는 기존 체계에 대한 반발의 형식으로 무의미와 허무주의적인 태도로 일관하는 모습을 보여준다. 여성이 기존 체계에 허구를 깨달아가는 과정은 곧 남성의 실체가 불안정하고 허구적인 것을 드러내면서 시작된다. 남성의 허구적인 실체를 인식함에 따라 남성의 왜곡된 실체로 인해 분열을 경험하거나 삶의 목적을 잃은 무의미한 생활을 한다. 또는 남성의 왜곡된 모습과 동일한 또 다른 폭력을 행사하는 여성으로 등장한다. 이들은 모두 기존의 가부장적 권위주의의 가치관속에 깊이 천착된 채로 그 상태를 벗어나지 못하는 한계점을 지니고 있다. 그러나 이러한 부정적 인식은 여성의 자아의식의 분열에서 점차 진정한 자아를 찾기 위한 탐색의 일변도로 변해간다. 즉 남성에 종속된 여성의식은 점차 주체적인 자아의식을 형성하고 아울러 삶의 방식에서도 독립된 형태를 나타낸다. 이는 강신재 소설의 배경이 되고 있는 전근대와 현대적 의식이 혼융된, 과도기적 의식세계 구조를 이원론적 세계의식으로 잘 나타낸 것이다.

그러나 강신재 소설에서 새로운 의식을 지향하는 여성의 대부분이 정상적이지 못한 직업과 생활 형태를 가지고 있다. 이들의 모습은 미군병사와 동거하는 양공주이거나 한 가족의 아내로 인정되지 않는 첩의 형태로 등장한다. 이처럼 의식적으로 앞선 여성의 직업과 생활 형태가 소외된 형태를 지니고 있는 것은 아직까지 기존의 통념아래 지배되어온 사회가 새로운 가치체계와 의식구조를 받아들이려 하지 않는 것을 뜻한다. 그럼에도 이들의 역할이 사회의 기본 단위인 가족관계에서 긍정적으로 그려지고 있는 사실은 곧 기존의 사회제도에 대한 모순과 불합리를 드러낸 것이다. 새로운 의식을 보여주는 여성의 의미는 기존의 사회제도와 대립되는 모습으로 표출된다. 또한 여성의 자아의식은 기존의 가족관계와 대립되는 여성의 의식 속에서 논의될 수 있다.

「해방촌 가는 길」[16]의 주인공 기애는 가정의 빚을 갚기 위해 미군병사와 동거를 시작한다. 빚을 갚는 방법으로 양공주 생활을 할 수 밖에 없었던 이유는 우선 가족들의 필요가 성매매에 대한 동기를 주었기 때문이다. 전쟁 피해자가 생계를 위해 성매매 시장에 뛰어드는 상황은 1950년대뿐만 아니라 1960년대에 들어서도 계속되고 있었다. 일부에서는 성매매의 원인을 생활고가 아닌 여성들의 사치와 허영 등에서 찾는다. 그러나 성매매는 극도의 생활난과 남성 부재라는 현실 속에서 "여자들의 갈 길이란 연약한 노동력을 파는 길밖에 없었기 때문이며 그 노동력 중에는 성노동이란 여자만이 갖고 있는 특수한 노동의 형태"이다. 일반적으로 여성들이 성매매에 종사하게 되는 원인은 크게 3가지였다.

첫째 생활고로 인해 돈을 벌겠다는 결심으로 성매매 여성이 된 경우, 둘째 외적인 강제, 즉 폭력·공갈·유인 등으로 인해 성매매 여성이 된 경우, 셋째 실연이나 이혼당한 여성의 경우처럼 남편으로부터 버림받아 성매매 여성이 된 경우이다. 그러나 극도의 생활고가 엄습했던 전후 사회에서 대부분의 성매매 여성은 생계의 필요로 성매매에 나섰다.

---

16) 강신재, 「해방촌 가는 길」, 『젊은 느티나무』, 민음사, 1995.

강신재 소설에 나타나는 성매매 하는 여성은 생활고로 돈을 벌기위해 성매매 생활에 뛰어드는 것과 남편으로부터 버림받거나 실연당해 성매매 생활을 시작하는 모습을 보여준다.

「해방촌 가는 길」의 주인공 기애는 빚에 떠밀려 생계에 대한 책임을 지기 위해 미군부대에 찾아든다. 기애가 미군부대에 뛰어들 수밖에 없는 것은 전쟁 후, 대부분의 가정처럼 아버지의 부재로 가정을 경제적으로 책임질 수 있는 사람이 없기 때문이다. 또한 한 가정의 어머니인 장씨가 존재하지만 장씨는 기존의 전통적인 의식구조에서 벗어나지 못하는 인물로 현실적으로 어떤 도움도 줄 수 없는 무능력한 존재이다. 장씨는 단정치 못한 차림으로 집에 찾아온 기애를 보면서 남의 눈을 의식하며 기애가 가져온 물건을 가져다 팔 생각을 하며 딸을 부끄러워하면서도 돈이 되는 물건에 집착하는 비굴한 모습을 보여준다.

정가표가 붙어 있는 라이카니 필름이니 녹음기의 테이프니 하는 것들이었다. 장씨는 눈이 둥그레지며 놀랐다. 놀라면서도 재빨리 그것들을 보자기에 싸서 옷궤짝 밑바닥에 집어넣었다. 그러고 나서 비로소 만족한 듯이 미소를 띠우고 말문을 열더니, '저게 값이 얼마나 나갈까, 시세를 잃지 않고 잘 팔아야할 건데'하고 수군대며 또 곧 근심스런 얼굴이 되었다. ― 그러한 장씨에게서 기애는 뭔지 비굴한 것을 느끼지 않을 수 없었다. 그것은 묘하게 돌아가는 일이었다. 장씨 자신 돈은 반갑고 귀하면서 돈이 되는 그 물건에는 왠지 떳떳지 못한 것을 느끼듯이, 딸에 대하여도 기특하고 고마운 반면에는 낙담이 되고 꺼려하는 무엇이 없지 않았다. 장씨의 이런 기분은 또 그냥 기애에게 반영되고 그러니까 장씨에게 느끼는 뭔지 비굴한 그 느낌은 곧 기애가 기애 스스로에게 느끼는 비굴감이기도 하였다. 그리고 장씨는 기애에게 더 근본적인 문제에 관한 의혹을 품고 있는 까닭에 시시각각 가슴 속에서 자문자답을 하고는 결국 <우리 아이가 그럴 리가 없지>하고 일시나마 단정을 내림으로써 기분을 돌리곤 하는 것이니까, 기애로 보면 자기의 실태가 끊임없이 그리고 전면적으로 모욕당하고 있는 셈이었다.[17]

기애가 해방촌 생활을 하게 된 것은 빚에 몰린 가족을 구원하기 위해서였다. 그럼에도 장씨는 그런 기애를 인정하지 않으려 들고, 기애가 가져온 물건을 고마워하면서 기애의 생활은 외면하려 드는 이중적인 모습을 보여준다. 장씨는 기애가 가져온 돈이 되는 물건들이 반갑고 귀하면서도 그 물건에 대한 출처를 생각하며 떳떳하게 받아들이지 못한다. 또한 그러한 물건을 가져온 기애의 생활과 신변에 대해 의혹을 품을 뿐 그것을 더 알아내려 추궁하지 않고 가슴 속에서 자문자답하며, 그런 생활을 하지 않을 거라는 단정을 내리면서 그 자신의 의혹을 감추려 들고, 기애의 생활을 모욕하고 전면적으로 부정하려 든다. 이러한 장씨의 태도는 자식의 부정적인 생활을 정직하게 바라보고 함께 고통을 짊어지려는 어머니의 모습을 찾아볼 수 없다. 장씨는 기애의 부정적인 생활에 대해서 눈치를 채고 그것을 인정하지 않으면서도 기애가 가져온 물건을 기특해하며 고마워한다. 장씨의 이중적인 태도에는 기존의 전통적인 가치관에 함몰되어 자신이 고집하는 전통적인 세계의식이 깨질 것을 두려워하는 모습을 잘 나타낸다. 그러나 기애는 장씨의 이중적인 태도에서 오히려 심한 모욕을 느끼며 그러한 모습에서 오히려 비굴함을 느끼며 장씨가 지향하는 세계와는 다른 세계의식을 보여준다.

장씨의 이중적인 태도는 딸을 정직하게 바라보고 받아들이려 하지 않는 모습으로 나타난다. 이에 기애 또한 장씨에게 환멸을 느끼면서 가정에 대한 애틋함과 안타까움마저 사라지게 된다. 기애는 장씨와 달리 최소한 자신의 현재의 상태를 정직하게 보려는 의지를 보여준다. 자신의 생활이 떳떳하지 못하다는 것을 의식하지만, 자신의 모습을 다른 모습으로 꾸미려 들지 않는다. 그것은 전쟁에 나갔다가 돌아온 근수에게 자신의 있는 모습 그대로를 보여주는 장면에서 다시 한번 재확인된다. 기애는 근수에게 일부러 흐트러진 모습

---

17) 강신재, 「해방촌 가는 길」, 『젊은 느티나무』, 민음사, 1995, 297면.

으로 담배피우는 모습을 보여준다. 기애가 자신의 현재의 모습을 보여준 것
은 근수가 현재의 모습을 받아들였을 때 둘의 사랑이 진정한 것이 될 수 있다
고 생각했기 때문이다. 그러나 기애가 지향하는 의식은 근수의 죽음이라는
배반된 행동으로 돌아온다. 자신의 모습을 정직하게 보여준 것이 근수의 자
살로 돌아오자 기애는 다시 양공주의 생활로 돌아간다.

기애는 자신의 세계에서 벗어나지 못하는 근수에게서 환멸을 느끼고 기존
의 전통적인 가치체계에서 부정시하는 해방촌 생활로 돌아옴으로써 오히려
이중적인 모습을 보여주는 기존의 가치체계를 조롱한다.

사물에 대한 믿음과 확신이 사라졌다고 하는 것은 현실에 대한 자신의 태
도가 의혹과 불신 속에 휩싸여 있음을 의미한다. 즉 현실은 이미 주어진 관념
이나 제도화된 관점으로 바라볼 수 있는 가능성이 사라졌음을 말한다. 그것
은 대상으로서의 현실의 불투명성을 깨달은 것이고 현실을 투명한 것으로 볼
수 있는 기성의 장치를 불신하는 것이다.18)

따라서 이 시점에서 기애가 선택한 생활은 생활과 가난에 쫓기어 돌아가는
것이라기보다는 기존의 가치체계를 고집하는 장씨와 근수의 이율배반적인
행동에 대한 반발로 돌아간 것이다. 기애는 사회에서 부정시하는 양공주의
생활을 선택함으로써 기존의 가치체계와 사회체제를 조소한다. 또한 기애는
장씨와 근수처럼 이미 존재하지 않는 현실의식을 붙잡지 않고 자신의 현재의
모습을 정직하게 받아들이고 바라봄으로써 기존의 가치체계에 굴하지 않는
모습을 보여준다.

기애의 생활방식에 의존하면서도 기애를 부끄러워하는 가족은 이미 가족
의 진정한 의미를 상실했다고 할 수 있다. 기애가 상징하는 수많은 여성들의
희생으로 가족의 형태가 유지되는 현실 속에서도 여성의 희생을 담보로 유지

---

18) 김치수, 『문화과 비평의 구조』, 문학과 지성사, 1984, 195면.

되는 사회의식은 여성에게 여전히 닫혀있는 사회적 모순을 보여준다. 그것은 근수가 기애의 모습을 받아들이지 못하고 자살하는 형식으로 표출된다.

기존의 가치체계에 강한 저항을 보여주는 행동은 「解決策」 [19]의 김미라에게서 잘 나타난다. 김미라는 첩살이를 하는 남편을 둔 덕순의 이층집에 기거한다. 김미라는 약혼자가 전쟁에 나갔다가 소식이 없자 '굶어 죽기도 싫구 거지도 되기 싫어' 미국병정하고 사는 양공주생활을 시작했다. 김미라가 양공주의 생활을 시작한 것은 자신의 생계를 보장했던 남성이 죽은 것에 대해 실연을 이겨내지 못한 것과 생계에 대한 위기의식을 느꼈기 때문이다. 그러나 김미라는 실연과 생계에 대한 위기의식에 쫓겨 양공주 생활을 하지만 그녀는 남편에게 버림 받은 덕순의 생활과는 전적으로 다른 생활 모습을 보여준다.

> 김미라의 거침없는 말소리며 웃음소리는 덕순이의 마음에 거슬리는 것이었다. 무슨 짓을 하며 사는 여잔지는 모르지만 칸나 꽃처럼 싱싱하게 살아 있고나 하고, 그 웃음소리를 들으면 가슴이 저려오기도 하였다. 하지만 그것은 바로 덕순이가 예기하고 있던 일이었고 하필 양공주다워 보이는 그 여자에게 방을 빌려준 이유이기도 했다. ─ 작업복의 청년이 가끔 찾아 왔다. ─ 덕순이가 주의를 끌린 것은 김미라가 언제나 싱싱한 낯빛으로 즐거운 듯이 살고있다는 일이었다. 앞에도 뒤에도 꺼리낌이 없이 무탈하고 쾌적하기만한 인생이란 것이 있을 수 있을가? 철이 없어 아무것도 모른다고 하기에는 김미라의 태도에는 확신이 있었다. [20]

김미라는 양공주 생활을 하면서도 어떤 확신을 갖고 떳떳하게 자신의 생활을 이끌어간다. 이러한 확신과 떳떳함은 덕순으로 하여금 그녀를 칸나꽃처럼 싱싱해 보이게 한다. 김미라가 보여주는 자신의 생활에 대한 떳떳함은 옛 약혼자였던 청년과 동무관계를 유지하는 데까지 진보적인 생활을 하는 것에서

---

19) 강신재, 「解決策」, 『戱畫』, 啓蒙社. 1956년 작품.
20) 위의 책, 290~293면.

다시 한번 강조된다. 김미라는 현재도 미군병정과 살지만 그 청년과도 동무 관계를 유지하는 생활을 한다.

김미라가 칸나꽃처럼 생생해 보이고 늘 즐거워 보이는 것은 무엇을 하든 무리를 하지 않으려 하고, 행복하려고 애쓰지도 않는 것 때문이다. 김미라의 의식과 생활태도는 기존의 전통적인 가치관에서 벗어나지 못하는 덕순에게는 이해 밖의 일일뿐이었다.

김미라의 당당한 태도는 덕순을 때리러 온 관오를 뺨을 때리는 것에서 다시 한번 나타난다. 관오는 자신을 찾아온 덕순을 첩이 보는 앞에서 심하게 구타를 하고도 분이 풀리지 않자 다음날 덕순을 찾아오자마자 뺨을 때리며 구타를 하려 든다. 이때 김미라가 관오의 뺨을 짤깍 때리면서 '신사가 아닙니다. 애기 가진 이를 어떻게 다루어야 한다는 것 쯤 모르세요'하며 따끔하게 충고를 한다. 관오는 김미라에게 핀잔을 받고서 더 큰 소리도 내지 못하고 나가 버린다. 관오가 덕순을 때리는 것에 대한 반동으로 김미라가 관오를 때린 것은 김미라의 생활태도가 전통적인 여성상과는 크게 다르다는 것을 알 수 있다. 폭력과 굴욕을 당하면서도 참고 견디는 덕순과는 대조적으로 김미라는 남성의 폭력적인 모습에 저항하고 그것이 잘못된 것임을 확인시켜준다. 김미라의 생활방식과 의식구조는 기존의 전통적인 방식과 다르다.

기존의 관념에서 부정시하는 양공주 생활을 하는 것 또한 그녀가 정체성을 갖고 자신의 삶을 주도적으로 끌고나가는 것을 방해하지 못한다. 김미라는 양공주 생활을 하는 자신의 삶을 부끄러워하지 않는 긍정적인 모습을 보여준다. 이것은 기존의 보수적인 가치관에 매여 있는 덕순의 생활방식과 대조적인 모습을 보인다. 덕순은 남편에게 폭력을 당하고 배반을 당하면서도 이혼을 요구하지 못하고 매달린다. 덕순이 지향하는 세계는 기존의 사회적 범주에서 벗어나지 않는 것이다. 그러나 기존의 사회적 체계 속에서 덕순이 경험하는 것은 인간적으로 유린당하는 모습일 뿐이다. 이에 양공주 생활을 하는 김미라는 덕순으로 상징되는 기존의 왜곡된 가족관계를 조롱한다. 김미라는 죽었다고 생각하던 약혼자가 돌아왔음에도 예전의 자신으로 돌아가려 하지 않는다. 즉 죽어버리거나 절망하지 않고 변화된 자신의 생활 자체를 받아들이며 그 생활을 계속 유지한다. 김미라는 이미 깨어진 가치체계에 매달리지 않는다. 또한 그것을 덕순처럼 억지로 회복하려 하지 않는다. 깨어진 가치가 회복될 수 있다 할지라도 그러한 세계에 돌아가지 않는다. 그것은 참된 가치가 아니기 때문이다. 이미 남성으로 대변되는 기존의 가치는 덕순과 관오의 관계처럼 왜곡된 형식으로 존재할 뿐이다. 따라서 김미라는 약혼자를 동무로 삼으면서 자신의 생활을 그대로 유지해 나가면서 독자적인 자신의 생활방식을 추구하는 모습을 보여준다.

강신재 소설에서는 기존의 가치체계를 부정하는 여성상이 기존의 전통적인 가족제도에 포함될 수 없는 양공주의 형식으로 나타난다. 양공주는 모든 사회가 부정하는 여성상이다. 그러나 양공주를 배태한 한 것은 시대적 배경을 갖고 있는 사회적 문제이다.

대부분의 성매매 여성들은 학교를 전혀 가보지 못했거나 초등학교 졸업 이하의 교육을 받았다. 이는 일제시대와 의무교육이 실시되기 이전인 1940년대에는 교육기회의 유무가 사회경제적 지위와 밀접한 관계를 가지고 있었다는 사실을 감안할 때, 성매매의 동기는 대부분 생활고와 관련되어 있다. 한국전쟁 후 생활고와 남성 부재의 현실에 시달리던 여성들이 재산이나 특별한 지식 없이 손쉽게 선택할 수 있는 직업이 성매매였다. 그러나 1955년을 기준으로 하여 살펴보면 성매매 여성의 교육수준은 상당히 높게 나타나고 있다. 또한 이 시기 미군상대 성매매 여성들이 다른 성매매 여성들보다 교육수준이 비교적 높았다.21) 성매매한 여성들의 교육 수준이 비교적 높다는 것은 성매매 하는 여성들의 의식과 생활방식이 보통의 여성들과 다르게 나타날 수 있음을 반증한다. 강신재 소설에서 양공주 생활을 하는 여성들의 교육수준 또한 낮게 나타나지 않는다. '해방촌 가는 길'의 기애가 군부대에 찾아들던 당시 그녀도 학교에 다니는 학생이었다. 기애와 김미라처럼 미군을 상대로 하는 성매매 하는 여성의 의식수준은 상당히 높다. 이처럼 성매매 하는 여성의 의식이 높게 나타나는 것은 사회에서 부정하고 소외당한 여성의 위치에서 오히려 전통적 사회구조가 갖고 있는 모순을 직접 경험하고 그것을 객관적으로 비판할 수 있기 때문이다. 성매매 하는 여성은 시대적 참상이 만들어낸 결과이고 여성의 희생을 가져왔다. 하지만 성적 매매를 했다는 이유로 성매매 여성은 사회적으로 배척당하는 모순을 지니고 있다.

따라서 강신재 소설에서는 그 사회에서 꺼려하고 부정시하는 여성이 허구적 실체로 남아있는 기존의 사회적 가치를 비판한다. 이는 김미라처럼 양공주라는 인물의 형태로 잘못된 부부관계를 비판하는 형식으로 나타난다. 또한 양공주 김미라 라는 기존의 사회범주에서 벗어난 인물을 통해 기존 사회를 비판하는 것은 기존의 규범에 속해있는 자는 그러한 범주에서 벗어나기 어렵기 때문이다. 따라서 덕순처럼 기존의 가치체계에 속해 있는 인물은 기존의

---

21) 당시 전체 여성들의 교육수준에 비해 성매매 여성들의 교육수준이 결코 낮지 않았다. 1955년을 기준으로 하여 살펴보면 20~29세 사이의 여성 175만 141명 가운데 문맹자는 16.5%인 28만 8,262명이었고 한글을 읽을 수는 있으나 학교에 다녀본 적이 없는 여성이 42.7%인 74만 7,504명에 달해 전체의 59.2%가 정규교육을 받지 못했다. 그리고 동일년도의 성매매 여성 통계도 이와 비슷한 수준으로 57.2%가 정규교육을 받지 못한 것으로 나타났다. 즉, 성매매 여성들도 일반 여성들과 동일한 수준의 교육정도를 보여 주고 있다. 그러나 외국 군인을 상대하는 성매매 여성을 대상으로 한 일부 표본조사에 의하여 1951년의 경우 초등학교 중퇴 및 졸업 61.8%, 중학교 중퇴 및 졸업 30.2%로 나타났다. 심지어 1953년에는 고등학교 졸업 이상자가 1.5%인 77명이나 되었다. 1955년 20~29세의 여성 중 중학교와 고등학교 졸업자의 비율이 각각 5.4%와 2.8%였음과 비교하면 성매매 여성의 교육수준은 상당히 높게 나타나고 있다. 이는 이 시기 미군상대 성매매 여성들이 다른 성매매 여성들보다 교육수준이 비교적 높았다는 방증인데, 1951년과 1952년 조사는 모두 외국 군인상대 성매매 여성을 대상으로 조사한 자료이다. 이임하, 『여성, 전쟁을 넘어 일어서다』, 서해문집, 2004.130~145면.

가치체계가 무너질 때 그것을 지키고 회복하기 위한 수단을 강구하게 된다. 그러나 이미 깨어진 사회질서를 회복하는 것은 의미가 없을 뿐 아니라 왜곡된 가치에 집착하는 것은 파행적인 결과만을 낳을 뿐이다.

왜곡된 가치에 집착하고 회복하려드는 파행적인 모습은 「妬忌」22)의 의성댁의 의식과 행동에서 잘 나타난다. 그러나 남성에 집착하고 자신의 안정된 위치를 지키려는 의성댁의 모습이 파행적인 모습으로 비춰지는 반면 손영감과 바람을 피우는 '이가'는 오히려 담담하게 긍정적으로 묘사되어진다.

'첩'의 이미지는 대부분 부정적인 이미지를 지니고 있다. 그러나 강신재 소설에서 기존의 가치 체계를 비판하는 또 다른 방식은 '첩'의 형태이다. 즉 구태의연한 가족의 모습은 강신재가 추구하는 가정의 모습이 아니다. 「解決策」에서 양공주 김미라가 기존의 가치체계를 비판했다면, 「妬忌」에서는 '이가'라는 사회적으로 부정시 되는 여성을 긍정적으로 그려냄으로써 사회적 지배체제를 전복하는 당위성을 얻어낸다.

「妬忌」에 나오는 이가의 모습은 세련되고 정숙한 모습으로 첩이라는 부정적 이미지에서 벗어나 있다. 이가는 손영감과 다정하게 영화를 보러 다닐 만큼 세련되고 정숙한 모습을 지니고 있다. 이가는 첩이면서 오히려 아내가 받아야하는 손영감의 사랑을 받고 인격적인 관계를 갖는다. 이러한 관계는 전적으로 전통적인 가족제도가 안고 있는 단절된 관계에 문제가 있음을 드러낸다.

의성댁은 손영감이 있을 때에도 아침에 일어나자마자 사월에 납품할 일에 대해 걱정하며 당장 재료를 사 모아야 한다는 얘기부터 시작을 한다. 손영감은 의성댁에게 아무런 대구도 하지 않고 반응을 보이지 않는다. 손영감이 좀체 반발을 하지 않고 나중까지 순순히 듣고만 있는 것은 수십 년의 습관이요,

---

22) 강신재, 「妬忌」, 『파도』, 大文출판, 1970.

아침 눈을 뜨자마자 의성댁이 코오치를 시작하는 것도 오랜 세월 변함없는 절차였던 것이다. 의성댁은 손영감이 무엇을 생각하는지에 대해 전혀 관심을 두지 않는다. 의성댁의 일방적인 코오치는 손영감과의 관계를 왜곡시키고 단절시킨다. 그럼에도 의성댁은 그것에 대해 문제의식을 갖지 않고 손영감이 첩을 둔 사실에만 충격을 받고 어떡해서든지 손영감을 빼앗아오려는 것에만 집착을 한다.

의성댁의 독선적인 모습은 큰 아들이 월남으로 파병가는 것이나 시집간 딸이 낳은 자식이 소아마비로 다리를 못 쓰게 됐다는 사실도 안중에 없다. 자신의 일에 비하면 그런 것은 아무것도 아니라며 자신의 욕망과 문제만를 절대시하고 집착하는 모습을 보인다.

한 가정의 아내이면서 어머니인 의성댁은 자신을 이렇게 만든 것이 손영감의 외도 때문이라고 생각한다. 그러나 손영감의 외도는 자기 집착과 욕망이 강한 의성댁의 치부를 드러내주는 계기가 될 뿐 그 근본적인 이유가 될 수 없다. 이미 의성댁이 집착하고 있는 부부관계는 돈이라는 경제적인 매개체에 매몰되어 그 이상의 관계를 허락하지 않는다.

의성댁의 부정적인 모습은 근본적으로 자기 욕망에 집착해 다른 것은 모두 소외시키는 지배적인 힘의 논리에 구속되어 있기 때문이다. 근본적으로 투기하는 여성상은 가부장적 권위주의에 오는 폭력적인 남성상에서부터 비롯된다.

강신재 소설에서 대부분의 가정 파탄이 외도라는 남성의 위악적인 행동에서 오는 것처럼, 여성의 투기 또한 폭력적인 모습으로 가정의 파탄을 가져온다. 여성의 폭력은 빼앗긴 남편을 찾고 자신의 자리를 지키기 위해 다른 여성을 때리거나 짓밟는다. 그러나 이러한 행태는 폭력적인 부정적인 남성상을 닮은 것일 뿐만 아니라 아내로서의 정체성을 심하게 훼손시킨다. 따라서 투기하는 아내에 대한 성찰은 가부장적 권위주의의 파행적 모습을 근본적으로 성찰케 하고 아울러 가족 내에서 차지하는 여성의 존재의식과 정체성을 이해하는 데 도움을 줄 수 있다고 생각한다.

한 가정의 아내이며 어머니인 의성댁은 영감이 며칠씩 들어오지 않자 가족 누구에게도 관심을 갖지 않는다. 대령인 큰 아들이 월남에 파병되어 부대장으로 중책을 받았다는 것에 대한 반응도 '지가 알아 하겠지' 하며, 아들의 파병을 걱정하기보다는 그것을 구실로 영감의 마음을 돌아오게 하는 데만 이용하려 든다. 또한 시집간 딸의 자녀가 악성으로 양쪽 다리를 못 쓰는 소아마비가 될지도 모른다는 얘기를 들으면서도, 딸이구 아들이구 다 소용없다며 다들 죽어서 없어지라고 하면서, 자신이 당한 일에 비길 바가 아니라며 오히려 더 죽는 소리를 한다. 의성댁은 영감의 외도 앞에 다른 가족의 안위와 행복에 대해서는 조금도 관심을 갖질 못한다. 의성댁은 영감의 외도사실에만 절대적으로 집착한다. 의성댁이 영감에게 집착하는 것은 점차 파행적인 모습을 보인다.

의성댁은 먼저 자기 고통에 빠져 가족의 누구에게도 신경을 쓰지 않으면서 영감을 되찾기 위해서 할 수 있는 일을 갈등하지 않고 저지른다. 즉 점집에 찾아가 즉석에서 거금을 들여 살풀이굿을 하거나 영감이 바람을 피우는 과부집에 일하는 식모를 금반지로 매수하고, 구두닦이를 시켜 영감을 미행하게 하는 등 자신이 할 수 있는 모든 일을 감행한다. 영감에 집착하는 의성댁의 행동은 투기의 감정으로 질투의 감정 앞에 다른 것은 조금도 생각하지 못하게 한다. 이러한 파행적인 행동은 집을 나가는 손영감을 밀쳐 이마를 찧게 하여 피를 나게 하거나 유서를 남기고 위장자살을 하는 등의 행동으로 계속된다. 그리고 마지막으로 유산이 든 병과 비수를 들고 가서 이가의 얼굴을 못 쓰게 만들려고 작정하며 가는 것으로 파국적인 국면을 보여준다. 그러나 의성댁은 이가를 보자마자 유산약은 잊어버린 채 화가 나서 머리채를 뜯고 뺨을 갈기며 온 몸을 때리는 폭력을 저지른다.

의성댁의 머리 위로 피가 쏴악 몰려 올랐다. 저 호마이카 경대도 옷장도 아마 영감이 사줬을 게라는 생각이 여기 겹치는데, 경대 끝에 놓인, 언젠가 수채에 처박은 향수와 꼭 같은 검은 병까지 눈을 쏘자 의석댁은 으윽 소리 와 함께 여자의 머리채를 잡아 나꾸채고 있었다. 두들겨 엎어놓고 마구 패 댄다. 발로 지끈 밟기도 했다. 허리고 목이고 짓밟아 으깨어도 말랑한 몸을 가진 여자는 반항을 안 하였다. 머리칼을 움켜쥐어 얼굴을 들게 하고 이쪽 저쪽으로 뺨을 갈겨도 놓여나려고 버릴것릴 뿐 달려들지는 않는다. — 그 소동이 있음 다음다음날 영감이 홀연히 돌아오더니 보름이 넘은 지금까지 집에가 눌러 앉아 있는 것이었다. — 남에게 빼앗기지 않고, 자기에게 속해 있다는 것만 알면 지금은 충분하였다.[23]

그러나 이러한 힘의 논리를 전복시키는 방식은 폭력을 휘두르는 부인과 대 립되는 형식으로 가능해진다. 따라서 이가로 나타나는 긍정적인 첩의 모습은 기존의 힘의 구도로 보았을 때 체제적으로 인정될 수 없는 부정적인 존재임 에도, 오히려 기존의 힘의 논리로 귀속돼 있는 의성댁을 부정하고 비판하는 요소를 만족시킨다.

방안의 여자는 놀라서 이편을 쳐다보았다. 그녀는 보오얀 얼굴을 하고 혼 자 경대 앞에 앉아 있었던 것이다. 고 자리옷인 셈인지 속치마에다 분홍의 누비저고리를 입은 양이 사십 줄에 든 여자치고는 적인 연연해 보였다. 분 홍을 좋아하는 여자인지 이불도 연한 그 색 꽃무늬의 것이 아랫목에 깔렸 는데 손영감의 물건다운 것은 눈에 띄지 않았다.[24]

의성댁이 손영감과 함께 있는 현장을 급습하기 위해 집에 들이닥쳤을 때 이가는 경대 앞에 가지런히 앉아있다. 의성댁이 손영감을 찾다가 못 찾은 분 풀이로 이가에게 손찌검을 하고 난동을 부려도 이가는 저항하지 않고 놓여나

---

23) 위의 책, 273~276면.
24) 위의 책, 272면.

려고도 하지 않는다.

의성댁의 모습은 힘으로 지배하는 지배적인 남성상이 반영된 모습이다. 의성댁은 잃어버린 자신의 권리를 되찾기 위해 기존의 가부장적 권위제도가 가지고 있는 힘의 논리로 일관한다. 아내의 권리를 박탈한 남편의 힘의 논리에 똑같은 힘의 논리로 다른 여성에게 폭력을 행사하는 것은 가부장적 제도의 또 다른 병폐의 하나라고 할 수 있다. 그러나 이가는 돈과 남편에게 집착하여 여러 가지 파행적인 행동을 보여주는 의성댁과는 다르게 행동한다. 이가는 기존의 사회체제에서 부정시하는 첩이지만 손영감과 다정히 영화를 볼 줄 알고, 자신을 가꿀 줄 아는 여성이다. 또한 의성댁이 와서 횡포를 부려도 자신의 잘못을 알고 저항하지 않고 고통을 참는 모습을 보여준다. 그러나 돈과 남편에 집착하며 인간성을 상실하는 의성댁은 이가와 대립되어 부정적으로 그려질 뿐이다.

의성댁이 이가네 집에 찾아간 후 손영감은 돌아온다. 의성댁은 손영감을 남에게 빼앗기지 않고 자기에게 속해 있다는 것으로 충분하다고 생각한다. 의성댁이 남편에 대해 갖는 감정은 집착과 소유 욕심만을 보여준다.

손영감에 대한 집착은 손영감과 함께 있을 때에 의성댁의 관심이 손영감과의 관계보단 오로지 경제적인 일들에 집착하던 것과 크게 다르지 않다. 의성댁은 아침에 일어나자마자 공장에 납품해야할 일에 대해서만 생각하며 돈을 벌 궁리만 한다. 의성댁은 돈을 벌 궁리만 하고 있는 반면 영감은 노상 듣고만 있는 것이 습관이 되어있다. 의성댁과 손영감의 관계는 돈을 버는 궁리에만 한정되어 있다. 그러나 손영감이 바람을 피우는 것을 알게 되자 돈에 집착이 손영감에 대한 것으로 변모한 것이다. 그러나 손영감은 의성댁의 집착을 무관심하게 대할 뿐 조금도 의성댁과의 관계를 회복하려 들지 않는다.

이가는 의성댁이 다녀간 후 이삼일 앓고 일어나고부터는 애가 말라 밖으로

만 나다닌다는 소문이 들려왔다. 그리고 어느 날 손영감은 집에서 아무것도 가져가지 않고 나가 영 종적이 묘연해진다. 손영감이 집을 나간 것은 손영감이 선택한 것이 의성댁이 아니라 이가임이 드러난다. 손영감은 의성댁과의 관계에서 어떠한 것도 기대할 수 없었던 것이다.

손영감은 가장과 남편의 역할을 스스로 버림으로써 기존의 가치체계에 대한 저항의식을 보여준다. 손영감은 의성댁을 통해 투영되는 기존의 가치체제를 버림으로써 기존의 가치질서를 부정한다.

자기 욕망에 갇혀 힘의 논리로 자신의 욕망을 채우려했던 의성댁은 손영감이 영영 집을 나감으로 오히려 그 욕망에게 버림받고 배반을 당하고 마는 결과를 초래한다. 의성댁이 손영감을 소유하려 들고 투기하는 것은 남성과 남성이 가지고 있는 권력에 대한 강한 집착을 지니고 있기 때문이다. 남성을 갖는다는 것이 그 시대의 여성에게는 자신을 발견하고 확인하는 유일한 방법인 것이다. 이것은 여성의 정체성에 관련돼 있다. 만일 그것이 만족되지 않을 때에 여자는 정체성을 잃고 파행적인 행동을 할 수밖에 없게 된다.

의성댁은 기존의 가치체계의 파행적인 국면을 잘 나타낸다. 어떠한 가치체계든지 그것이 순수하지 못할 때 변모해야한다. 의성댁은 기존의 지배체제에서 보장해주는 가정이라는 형식적인 틀 속에서 자신의 안위와 만족을 추구하였지만 버림을 받는다. 그것은 이미 가족의 관계가 기존의 지배체제로 보장되어지지 않는다는 것을 의미한다.

그러나 기존의 가치체계를 부정하고 새로운 세계를 지향하는 형식이 양공주와 첩의 형태로 생계의 위협 앞에 어쩔 수 없는 선택에 놓여있다거나 다른 아내의 자리를 빼앗는 파행적인 방식을 보여주는 것은 이들이 지향하는 세계가 기존의 가치체계의 형식으로서는 전복될 수 없음을 의미한다. 기존의 가치체계는 이미 부재하거나 무너졌음에도 현실은 그러한 모습을 은폐시킨 채로 유지되고 있다는 환상을 심어준다. 그러나 이러한 환상은 거짓에 경도된 허구화된 모습으로 그것에서 한 발 물러난 객관적인 인물을 통해 그것이 허구임을 드러내면서 통렬히 비판하는 것이다.

의성댁과 같은 파행적인 여성상은 「泡沫」[25]에서도 잘 나타난다.

운삼의 부인인 연옥은 남편인 운삼 보다 옛 약혼자인 김과 더욱 친밀한 관계를 유지한다. 저녁식사를 하면서 '복아지 곤이라는 음식을 가져와 김과 서로 아는 척을 하며 싸우는데, 그들의 대화에서 김은 그것은 복아지의 생식기의 일부라고 얘기를 하기도 하고, 연옥은 생선의 정액이 응고한 것이라고 우기면서 김과 스스럼없이 대화하는 모습을 보여준다. 이때 연옥의 남편인 운삼이도 그들의 대화에 끼어들며 그것을 먹으려 하지만, 연옥은 비싼 물건이라며 핀잔을 주어 더 먹지 못하게 만든다. 또한 연옥은 저녁상을 물리고 나서 화토를 가지고 나와 김과 화토를 하며 일부러 져서 손목을 맞기도 한다. 이렇게 연옥의 생활은 남편인 운삼 보다 김과 함께 생활하는 것 중심으로 이루어지는데 김에 대한 연옥의 마음은 현재의 남편을 이념적인 희생양으로 만들면서 지속된다.

六·二五 때 사실 나는 조금 나쁜 짓을 하였다. 그것은 연옥이가 그렇게 안하면 죽는다고 하였기 때문이지만, 하여간 나쁜짓이라기 보다는 무진 고생이었다고 함이 옳을 게다. 나는 동위원회의 심부를 같은걸 하고 돌아다니면서 통문 따위를 돌리기도 하였지만 더 많이 뼈꼴이 빠지게 노동일을 하였다. 복구사업이니 탄환 나르기니에 매일 같이 빠지지 않고 나갔다. ― 김은 지금 세도가 있고 사변 전에는 우익투쟁을 한 일까지 있다. 그가 그때 살려 달라고 뛰어 들어 왔을 때 그를 다락 안에서 감추어 주고 근 석 달이나 건사를 해낸 연옥이는 총명하였다고 하지 않을 수 없다. 자기의 목숨도 아깝기는 했지만 김과 같은 애국자를 살리기 위해서도 동위원회에 조금 어른거렸노라고, 그렇게 김을 내세울 것 같으면 절대로 무사할 것이라고 언젠

---

25) 강신재, 「泡沫」, 『戲畵』, 啓蒙社. 1955년 작품.

가 연옥이가 일러준 일이 있다.[26]

운삼은 다락 안에 숨어있는 김을 은폐시키기 위해 연옥이 시킨 대로 동위원회에서 일을 하며 동네사람들의 주의를 받지 않으려 한다. 그러나 전쟁이 끝나고 동위원회에서 일한 행적이 드러나면서 운삼은 아침 일찍 끌려가 형사의 취조를 받는다. 취조를 받는 내내 어서 김이 자기를 구해주기를 바라면서, 운삼의 의식 속에는 왠지 김과 연옥의 관계에 대해 새롭게 성찰하게 된다.

> 꼬부라 부치고 잠이 들다가는 깜빡 깨이곤 하는 그런 사이사이에 九·二八 막판 당시의 일이 꿈처럼 눈앞에 떠올랐다. 그때 연옥이는 김과 대판 싸움을 한 일이 있었다. 나는 해만 지면 마포로 끌려 나가서 그 어깨가 으스러지도록 무거운 탄환을 나르고 돌아오니까 아침내 정신을 모르고 자곤 했는데, 그때 밤에만 김이 있곤 하는 골방쪽에서 연옥이의 악쓰는 소리가 들려왔다. "나가! 나가! 그럼 싫건 나가란 밖에!" 그러나 김의 목소리는 들리지 않고 조금 있다 또 연옥이가 "당장 나가요!" 하고 소리치며 머리를 흩어트리고 달려 나왔다. 한쪽 뺨이 새빨갛게 부풀어 올라서, 김이 손찌검이라도 한것인가 싶었으나 물어볼 사이도 없이 그는 바깥으로 튀어나갔다. — 그는 눈은 충혈하고 수염은 자라서 보기 사나운 꼴을 한 채 그도 바깥으로 뛰쳐 나가버렸다.[27]

과거의 시간에 운삼이 김을 위해 무거운 탄환을 나르고 돌아왔을 때 연옥과 김은 사랑싸움을 하고 있었다. 남편으로서 자신의 아내가 누군가와 싸움을 하고 얼굴을 맞았다면 그것만으로도 참지 못할 일인데, 운삼은 그들의 싸움을 놀랍게 바라볼 뿐, 그 이유나 그들의 감정에 대해서 거의 무감각한 반응을 보여준다. 운삼은 연옥과 김이 무엇 때문에 저렇게 싸우는지에 대해서 무감각하게 느끼면서 그들의 사이를 특별히 의심하지도 않고 그들의 관계를 무

---

26) 위의 책, 38~39면.
27) 위의 책, 41~42면.

미건조하게 바라본다.

남편으로서의 운삼의 존재감은 존재하지 않는다. 과거에 운삼의 역할이 김을 보호하기 위한 수단으로 기능했다면, 현재 운삼의 역할 또한 연옥이 적어주는 일수 돈을 따박따박 받아내는 경제적인 기능밖에 갖고 있지 않다. 이처럼 가정에서 운삼의 존재감은 완전히 사라진 채 김의 그림자 뒤에 숨어있을 뿐이다. 운삼의 이러한 태도에는 일종의 도피행위로 소심함과 비겁함이 자리 잡고 있다. 운삼이 취조를 받고 술집에 들러 주인에게 업혀 들어와 눕혀진 곳은 안방이 아니라 이층의 김의 방이었다. 아침에 일어나 안방에 내려가 보니 안방에서 김이 방금 세수한 얼굴을 타올로 문지르고 나오고 연옥은 경대 앞에 앉아 있다가 거울 안에 있는 운삼을 보고 고개를 돌렸다. 운삼은 이러한 정경을 보고서 어물어물하다가 도로 이층으로 올라와 버린다. 김과 연옥 사이에서 운삼은 그 어떤 존재감도 지니고 있지 않다. 이러한 소심함은 곧 묘연한 부부관계를 지속시키게 하고, 남편과 아내의 정체성을 깨뜨리며 가족의 의미를 상실하게 한다.

그러나 이들의 부부 관계가 어떤 사랑에 근거해서 이루어지는 것이 아니라, 어떠한 사정으로 연옥과 결혼하지 못한 김이 친구인 운삼에게 연옥과 결혼할 것을 부탁함으로 이루어진 것이었기에 그 시작부터 문제가 있었다고 할 수 있었다. 연옥은 결혼하지 육 개월 후에 머리가 커다란 아이를 낳았고 죽어버린 일도 있었다. 이것은 김의 아이로 결혼 전부터 연옥과 김의 사이는 깊은 내연의 관계에 있었다고 할 수 있다. 그러나 운삼이 이들의 관계를 어느 정도 인식했음에도 그들의 치정을 캐지 않고 외면해버리는 모습은 소극적인 면을 넘어서 정체성을 잃고 분열하는 모습으로써 암암리에 그들의 관계를 인정하는 모습을 보여준다.

또한 연옥은 남편보다 김을 우선순위에 두는 파행적인 모습을 보여주는데 연옥은 남편보다 김을 우선시하는 것을 조금도 이상하게 생각하지 않고 운삼에게도 조금도 미안해하지 않는다. 연옥이 남편에게 요구하는 것은 자신의 안락을 유지시켜달라는 것뿐이다. 전쟁의 시기에 운삼을 이용했던 것처럼 현재 운삼이 형사에게 취조를 당한 후 몸이 좋지 않은데도 '북진통일'이라는 국민대회가 있는데, 한집에서 한 사람씩 꼭 나가야 한다면서, 동위원회에서 일한 전적도 있으니 그곳에 나가라고 종용하는 모습에서 몸이 아픈 남편에 대한 배려와 생각도 조금도 하지 않고 자신의 안전만 보장받으려는 이기적인 모습을 보이면서 그 파행성을 더해갈 뿐이다. 자신의 욕망과 안위를 위해 남편을 이용하는 연옥의 행태는 파행적인 여성상과 해체된 가족관계를 잘 보여준다. 연옥의 부정적인 행태는 남편과의 사랑 없는 결혼에서부터 시작하여 경제적인 물질적 관계로 전락하고 지속되는 파행적인 부부관계로 나타난 것이다.

운삼은 취조를 받고 와서 다시 북진통일 대회를 참여하면서 극심한 혼란과 분열된 의식을 보여준다. 운삼에게 이러한 상태는 극복되어야 할 상황이다. 그러나 운삼은 심하게 분열을 경험하면서 그 스스로 문제를 해결할 수 있는 능력을 상실했음을 보여준다. 운삼은 연옥과 김과 사이에서 느끼는 소외를 경험하고 그들과 일체감을 가지려 하지만 분열을 경험할 뿐이다. 이미 운삼은 내재적으로 파탄된 위치에 속해있으므로 운삼이 돌아갈 수 있고 일체감을 느낄 수 있는 공간이 있을 수 없다. 이는 운삼을 통해 드러나는 가장의 역할이 파탄적인 부재의 국면에 들어서있음을 뜻한다. 또한 더 이상 형식적인 가족관계는 어떠한 의미도 지니지 못하고 있음을 뜻한다. 운삼의 분열의식은 이미 깨어진 가족관계의 틀을 보여주는 것이며 기존 사회의 안정이 이미 존재하지 않는다는 것을 의미한다. 또한 연옥이 김에 대해 지니고 있는 호감과 집착은 연옥의 관념을 뜻하는 것으로, 어떠한 형식적인 틀로 여성의식을 묶을 수 없다는 것을 의미한다. 연옥은 운삼과 결혼을 하고도 김과의 관계를 지속시키는 파행적인 모습을 보인다.

연옥이 보여주는 자기 중심적인 삶의 양식은 부정적 양상으로 그 모습을 드러낸다. 이는 남편의 무미건조함 의식과 무관심과 함께 형식적인 가정의 의미 또한 이미 깨어졌을 의미한다.

연옥이 보여주는 부정적 모습 또한 여성의 의식과 삶의 양식에 변화가 오고 있음을 보여준다.

V. 전쟁과 이념적 혼란

5·60년대는 6·25 전쟁을 배경으로 전통적 가치관의 붕괴와 이데올로기적 혼란, 자본주의 유입이라는 이념적, 사회적 혼란의 양상을 갖는 시기이다. 사회적 혼란과 가치관의 혼란은 다양한 세계의식을 지닌 인물들을 양산한다. 그러나 이러한 첨예한 혼란 속에서도 여성과 남성의 의식구조와 대처방법은 다르게 나타난다. 따라서 그 시대의 사회적 특성을 반영한 여러 유형의 남성상을 성찰하는 것은 그와 대조적으로 상승하는 여성적 사회적 의식의 의미를 보다 구체적으로 관찰하는데 도움을 준다.

1) 이념과 남성

강신재 소설에는 철저한 이념의 논리에 귀속된 인물을 찾아보긴 힘들다. 인물들이 민주주의와 공산주의의 양 진영에서 어떤 이념을 선택할 때에도, 이념에 대한 깊이 있는 인식이 밑바탕으로 깔려있지 않다. 이러한 현상은 당시 이데올로기에 대한 인식이 이론적 혹은 논리적 형태보다는 경험을 통한 감정의 형식으로 받아들이는 한계를 지니고 있음을 뜻한다. 또한 1950년대

작가들의 경우 전쟁의 현장 속에서 전쟁과 이데올로기를 그려야 했다는 점에서 객관적 거리를 확보할 수가 없었기 때문이다.[1]

50년대 전쟁을 배경으로 한 강신재의 소설에서 이념적 인물들은 주로 남성들로 나타나는데, 이들에게서도 이념에 대한 어떤 깊이 있는 해석이나 논리는 드러나지 않는다. 다만 선택한 이념을 지켜나가는 데에 따른 고통과 죽음이 뒤따르는 모습만을 보여준다. 그러나 여성에게는 남성과는 다른 방식으로 이념에 대한 탐구가 드러난다. 남성과 다르게 여성은 이념에 종속된 인물형보다는 이념과 인간성사이에서 고민하고 갈등하며 절대적인 이념의 가치에 대해 반기를 드는 인물이 많이 등장한다. 남성이 이념 지향적 인물로 그 시대적 분위기를 반영하고 그 속에서 갈등과 증폭을 더해간다면 여성은 이념적 갈등과 문제를 초월해 잃어버린 인간성을 되찾는, 남성과는 다른 가치관을 지향한다.

남성의 이념적 인물의 성향은 크게 나라와 민족의 안위를 위해 민주주의를 선택하거나 출세에 대한 욕망과 가족의 안위로 이념을 선택하는 인물형으로 나누어진다. 전자인 경우, 순수한 동기는 그 결과에 있어서도 긍정적인 전망을 보여주나 후자의 경우에는 대부분 죽음의 결과를 맞이한다. 그러나 이 같은 두 유형은 모두 이데올로기적 혼란과 사회적 갈등의 증폭으로 정신분열증과 같은 불안을 경험하는 과정을 거친다. 그만큼 그 시대적 무거운 분위기와 경직된 이념 논리는 남성들 또한 이념적 선택을 강요받고, 그것의 결과가 생존을 위협하는 요소가 됨으로써 불안과 공포를 경험하지 않을 수 없는 구조를 지니고 있기 때문이다. 그러나 이데올로기적 인간형은 결국 폭력의 광기를 보여주거나, 어떠한 결과가 오던지 상실감과 무력감을 보여줌으로써 이데올로기의 허구성을 첨예하게 드러낸다. 이것은 인간이 이데올로기의 속성에

---

1) 서동수, 『전쟁과 죽음의식의 미학적 탐구』, 새문사, 2005, 164면.

구속당했을 때 경험할 수 있는 형식으로 강압적 이데올로기의 한계점을 보여주는 것이라 할 수 있다.

첫 번째 유형의 이념적 인물형식은 「임진강의 민들레」[2]의 남자 주인공 윤지운의 생각과 행동을 통해 드러난다. 지운은 38선에서 일어난 소요가 좀 시끄럽다는 소식을 전해 듣고 그 사태를 민감하게 받아들이며 동기들과 전방으로 달려가 현장을 답사하러 떠날 정도로 이념적 성향이 짙은 청년으로 그려진다.

지운과 2~30여명의 학생을 태운 육군의 스리쿼터는 아무런 제지도 검문도 받지 않고 최전선까지 달려갔지만 그곳에서 이삼백 미터 떨어진 곳에서 진을 친 적을 만나게 된다. 그는 국군을 도와 이미 시작된 전쟁에 가담한다.

> 그는 싸웠다. 그 한계에 달한 긴장상태는 어쩌면 무(無)와도 같은 것이었다. 그는 실상 아무것도 느끼지 않았다. 쌩쌩 나는 총성에도, 팔 옆에 와서 푹 꽂히는 탄환에도, 곁에서 거꾸러지는 인간의 모습에서도 아무것도 느끼지 않았다. 그러나 또 역시 그는 무언가를 느끼고 있었다. 무언가 매우 특이한 감각을 느끼고 있었다. ― 지운들은 절망적인 마지막 전투에 돌입했다. 비는 억수로 퍼붓고 있었다. 모든 것이 ― 공간과 시간까지도 ― 광포의 나머지 미쳐버린 것 같았다. 무수한 화염이 어둠을 쪼갰다.[3]

지운은 적과 대치해서 싸우면서 한계에 달한 긴장상태를 느낀다. 그러한 긴장상태는 아무런 느낌을 주지 않는 무(無)의 경지에 도달할 정도로 한계상태임을 드러낸다. 그는 생명을 건 한계상황에서 미칠 것 같은 광포의 순간을 경험한다. 이런 광포의 순간을 경험한 지운의 의식 속에는 계속적으로 초조와 불안과 광기의 모습이 표출된다. 지운이 부상을 당해 대학병원에 실려 왔

---

2) 강신재, 「임진강의 민들레」, 『젊은 느티나무』, 민음사, 1996.
3) 위의 책, 71면.

지만 병원마저 적에 넘어가면서 환자들은 인민군들에게 누워있는 채로 기묘한 침묵 속에서 총살을 당한다. 지운은 총알이 우연히 빗나가면서 생명을 건재하게 되었지만, 이때의 공포는 지운의 감정과 사고를, 생명의 모든 기능을 심장이 멎기 전에 이미 공백에 가까운 상태에 머물게 한다. 생과 사를 오고가는 죽음에의 공포는 지운의 의식을 불안하게 하고 광기에 사로잡히게 한다.

지운의 불안은 병원의 3층 방에서 숨어 기거를 하면서 점점 우울해하다가 이화를 겁탈하려는 모습에서 다시 한번 드러난다.

> 거칠게 어깨로 숨을 쉬고 있었다. 여지껏 보지 못한 이상한 광채로 그의 눈을 이글거리고 있었다. 별안간 모르는 사람의 얼굴을 대한 것 같았다. ― 이화는 뒷걸음질을 쳤다. 이화의 두 눈은 어지럽게 그의 얼굴을 더듬고 있었다. 분노 혹은 증오. 지운의 얼굴에서 발견되는 것은 그렇게 이름 붙일 수 있는 것뿐이었다. 왜? 왜? 왜 지운은 이래야 하는가? 그의 캄캄한 이마에는 오뇌와 초조의 깊은 주름이 자리하고 있었으나 그것조차 이화에게는 전연 알 수 없는 미지의 것으로만 여겨졌다. ― 그의 얼굴은 검붉어져 있었다. 입술이 이상히 번들거린다. 그는 한마디도 말을 하지 않고 이화의 슬립을 움켜잡았다. 이화는 저항했다. 부드득하고 슬립의 단에서 레이스가 뜯어졌다. ― 팬티가 찢기어 나갔다. 이화는 지운의 뺨을 때렸다. 찰칵 하고 소리가 나는 순간, 지운은 악몽에서 문득 깨어난 사람처럼 손을 놓았다. 동공이 벌어진 눈으로 멀거니 이화를 바라보다가 휙 돌아서서 벽에 이마를 마주 댔다. 두 손을 벌려서 바람벽을 짚었다. 그것은 격정과 절망의 자세였다.[4]

지운은 이념적 성향이 강한 인물이기에 한강 너머에서 벌어지고 있는 전투에 참여하기를 간절히 원한다. 그러나 이미 한강의 다리가 폭파되고 한강근처에 공산군이 경계를 강화하고 있기 때문에 병원에 숨어 하루에 두 번 도시락을 싸오는 이화만을 기다리며 시간을 보낸다. 그러나 자신의 안위만을 생

---

4) 위의 책, 178~179면.

각하며 은둔하는 생활은 이념적 인물인 지운에겐 어떤 만족도 위로도 주지 못한다. 이에 지운은 자신의 분노와 절망을 이화를 겁탈하는 비이성적인 행동으로 표출한다.

이념지향적인 지운은 자신의 신념을 관철시키지 못하는 상황에 이르자 광포하게 변하게 비이성적인 상태에 이른다. 지운은 민주주의라는 이념 그 자체에 대한 순수한 맹종과 집착을 보여준다. 따라서 이념의 대립적 논리에 따라 지운은 그 신념을 유지할 수 없을 때 자기 분열을 보여주는 것이다. 이념의 가치에 철저해지면 해질수록 자아는 이념의 논리에 귀속될 뿐이다. 그렇기 때문에 이화의 완강한 거부는 그를 병원 밖으로 나가게 한다. 이화를 통해서 억압된 감정을 표출하려하는 비이성적인 행동을, 좌절감과 함께 인식했기 때문에 그는 다시 철저하게 이념을 추구하기 위해 은신처에서 나가게 된다.

이념적인 인물의 형식은 이화의 동생, 옥엽을 사랑하는 북한 대위에게서 찾아볼 수 있다. 공산군이 이화의 집을 점령하고 집을 둘러볼 때에 북한병사들은 예의를 갖출 줄 알았고 흙발로 마루를 디딜 적에도 북한대위는 작은 소리로 '미안하오'라고 말하는 인격적인 면모를 보여준다. 그러나 이들이 추구하는 이념의 깊이는 결코 깊지 않다. 이화네 집의 사상의 성향을 탐색하는 과정에서 이들은 『공산당 선언』, 『자본론』을 읽지 못해 그 책의 의미를 파악하지 못한다. 그러다 표지 속에 담겨있는 마르크스와 엥겔스의 사진을 보고서 반가운 기색을 갖고 이화네 집을 당원이 머무는 곳으로 정할 만큼 이념에 대해 깊지 못한 지식을 갖고 있다.

그 중 이화네 집을 드나드는 강석우는 짤막한 가죽 채찍을 늘 손에 쥐고 다니는 잔인한 인상을 지닌 공산군 상위(上尉)로써 옥엽을 놓고 사마귀가 있는 북한 대위와 대립을 한다. 북한 대위는 퇴각하는 날 옥엽을 데려가려 하던 강 상위를 사랑채로 데려가 총살하고 옥엽을 자신이 강제적으로 데려간다. 하지만 옥엽에게 보여주는 북한대위의 관심과 행동은 옥엽에겐 하나의 기계처럼 세뇌당해서 말하는 것으로밖에 비쳐지지 않는다. 대위는 북에 올라가면 옥엽이 열렬한 협력자였다는 것을 보증하겠다며 북에 올라가면 결혼을 해달라고 청혼한다. 옥엽은 그가 하나의 기계로 비쳐지지만 끊임없는 관심과 다정함으로 조금씩 그에게 마음을 열어간다. 그러나 대위가 길을 지나던 두 명의 북한 소년병중 한 명이 북한에 가지 않겠다며 서로 실랑이 하는 것을 목격한 후 누가 배반자인지를 확인한 다음 그 자리에서 사살하는 것을 보자 대위에게 일말의 인간성을 기대한 것에 대한 후회와 노여움을 느낀다. 그러나 대위는 옥엽이 왜 그러는지를 알 수 없다는 듯 의아한 얼굴로 바라볼 뿐이다.

대위는 이념에 충실한 인물로서 어린 소년병을 죽이는 것에 어떤 갈등도 보여주지 않는다. 이처럼 이념적 인물은 이념에 위배되는 행동을 했을 때는 어떠한 이해나 동정을 허락하지 않는 잔인한 성향을 보여준다. 이러한 이념적 가치는 인간성을 상실한 거짓된 의식으로써 진정한 가치의 의식 있는 행동이라고 볼 수 없다.

다음으로 이념적 상황을 이용해 사회적으로 성공하고자 하는 욕망적 인물 형식은「落照前」5)의 덕구에게서 찾아볼 수 있다. 이념적 혼란 속에서 강자 속에 편입해 자신의 욕망을 추구하는 인물들은 이념의식이 결핍되어 이념적 논리에 의해 행동하는 것이 아니라 자신의 감정과 이익에 따라 행동하는 편향된 모습을 보여준다.

> 올해 늦봄 들어서 요양원이 서있는 이 섬으로 흘러 올 때 그러나 덕구는 다시금 일확천금의 꿈을 마련해 가지고 있었었다. <요양원의 부식물을 도맡아 대는 직업>이라는 것을 덕구는 가질 작정이었고 한편으로는 가까운 항구의 어물상하고도 교섭을 벌리려는 속셈이었다. 자갈치 근방에 세를 얻어 도배를 하고 울타리를 치고 그러자 겨우 붙잡은 장사의 요리도 깨닫기

---

5) 강신재,「落照前」,『戲畫』, 啓蒙社. 1956년 작품.

전에 난리가 터지고 만 것이었다. 초기에는 피난을 떠날 방도도 없지는 않
았다. 그러나 요란한 총소리와 살육의 마당에서 그는 짐을 꾸리는 대신 대
단한 야망을 이르킨 것이다. 세상이 뒤집히고 빨강이 천하가 된 모양이니
하루 바삐 공을 세워서 출세해 보겠다는 것이 그것이었다. 그는 빨간 헝겊
을 두르고 돌아다니는 신분이 되기에 우선 성공 하였다. 그러한 결과로는
위원회의 간부 동무 ― 라기 보다는 어물장사 윤봉달의 추천으로 요양원 취
사장 안으로 살림을 옮겨들게 된 것이었다.[6]

덕구는 농군과 옥례가 희롱하는 장면을 본 것으로 옥례의 수치심을 자극해
결혼을 했다. 옥례와 사랑이 없는 상태에서 결혼한 덕구는 일확천금의 꿈을
꾸며 옥례를 호강시켜 사랑을 얻고 싶은 욕망을 지니고 있다. 그러나 덕구에
게 그러한 운은 찾아오지 않았다.

덕구는 요양원에 들어오면서 다시 일확천금의 꿈을 꾼다. 그래서 전쟁이
터져도 피난가지 않고 오히려 그러한 꿈을 실현하는 공상을 한다. 덕구는 '빨
강이 천하가 된 모양이니 하루 바삐 공을 세워서 출세를 해보겠다'며 공산군
에 곧바로 협력한다. 덕구는 당원이 되어 요양원의 밥을 대주는 일을 하며 돈
을 벌고 자신과 옥례의 식량문제도 함께 해소하려든다.

덕구는 옥례의 수치심을 자극하면서 부정적인 방법으로 결혼한 것처럼 일
확천금의 꿈을 부정적으로 실현하려 든다. 그것은 요양원 근처 방공호에 감
금되어 있는 포로들을, 산으로 도망간 인민군들이 공습이 없을 때를 틈타 열
씩 스물씩 몰고나가 처단하도록 돕는 역할을 하는 데까지 협력한다. 옥례는
땅속에 묻힐 사람들에게 밥을 해준다는 괴상한 일거리를 맡아서 하면서도 이
렇다할 내색을 하지 않았다. 옥례는 애당초 덕구에게 시집을 온 것이 자기를
잃은 것과 같다고 생각하기 때문에 아예 항거한다는 것 자체를 잊고 산다. 덕
구의 비인간적인 모습은 감금된 포로들과 그들을 조금도 연민하지 않는 모습

---

6) 위의 책, 321면.

으로 다시 한번 나타난다.

그들은 등 뒤에다 팔목을 묶이어 있은 것이었다. 밧줄은 굵고 서로 서로의 발목에도 무지스럽게 감겨져 있었다. 그렇지 않더라도 이렇게까지 쇠진한 사람들은 움지기기가 힘들 것이었다. 덕구는 곧추 세운 그들의 무릎팍우에다 소금을 꾹 찍은 주먹밥을 하나씩 올려놓아 주며 나갔다. 오리알 보다 좀 클가말가 한 덩어리에다 저렇게 많이 소금을 찍다니 하고 옥례는 놀라면서 사람이 줄은 탓으로 하나씩 더 돌아가게 되는 주먹밥을 집어 그 엷은 무릅 우에다 올려놓곤 하였다. ― 덕구가 주전자를 들고 저편에서 오고 있었다. 맥없이 벌려진 입에다가 구리주전자의 물을 난폭하게 따라 넣어주고 있다. 어떤 입에다가는 너무 급히 많이, 또 어떤 입에다가는 건성으로 어깨나 가슴팍에만 끼얹는 부음새를 하면서 그는 한시바삐 여기서부터 나가고 싶다는 기색이었다.[7]

덕구는 포로들에게 주먹밥을 줄때도 소금을 무턱대고 찍어서 주고 물을 줄때도 난폭하게 따라줌으로써 포로들에 대해 조금도 동정하는 모습을 보이지 않는다. 반면 옥례는 덕구의 행동과 포로들의 처참한 모습을 보며 놀라서 바라본다. 그러나 공산군에 편승해서 일확천금의 꿈을 꾸던 덕구의 욕망은 공산군이 전쟁에서 지고 요양원이 국군의 손에 넘어가면서 이루어지지 못한다. 또한 옥례가 포로 중에 옛날의 그 농군을 발견하고 그에게 따뜻하고 부드러운 밥을 지어다 먹이고 싶은 열망으로 폭격 속을 뛰어드는 모습을 보임으로써 옥례에 대한 덕구의 욕망 또한 배반당한다.

덕구에겐 공산군의 이념이나 사상은 조금도 투영되지 않는다. 다만 외부의 상황을 보면서 자기가 또 길을 잘못 짚었다고만 생각한다. 그는 자기가 판단을 잘못 세운 탓으로 독안의 쥐처럼 막다른 골목으로 몰리고 있는 것이 아닌가하고 의심을 할 뿐이다. 이념을 이용해 성공하려던 덕구는 그것이 달성되

---

7) 위의 책, 332~334면.

지 않자 불안해하며 공포를 느낀다. 그러나 이러한 불안과 공포는 철저하게 자신의 안위에만 관계된 것으로, 국군에게 끌려 죽으러 갈 때 덕구는 미친 동물처럼 날뛰며 괴상한 소리로 무어라고 울부짖으며 죽음에의 공포에서 벗어나지 못하는 모습을 보여준다. 덕구는 총살을 당할 때 옥례가 곁에 있음에도 자신의 죽음이외의 것은 보지 못하면서 마지막까지 자신의 욕망과 안위에 집착하는 모습을 보여준다.

이념 지향적 인물이나 이념에 편승해 성공하고자 하는 인물은 모두 이념의 허구적인 특성으로 이상적인 상태에 도달하지 못하고 허무하게 끝난다. 이것은 이념이 가지고 있는 폭력성과 부정적인 모습을, 이념에 집착하고 편승하는 남성들의 모습에 투영시켜 그려낸 것이라 할 수 있다. 확고한 이념의 의미와 가치가 사회적 합의하에 재성찰되기 전까지 이념의 형식은 하나의 폭력이 될 수 있다. 그러나 혼란한 이념 속에서는 이념에 충실한 인물과 탐욕적인 인물은 이념에 종속되어 자아를 상실하는 것에서 이념의 그 허구적인 속성을 드러낸다.

2) 이념과 여성

한국전쟁의 이야기는 대부분 남성을 중심으로 이루어져 왔다. 전쟁을 일으키고 종결시킨 정책 결정자들, 전장의 영웅적인 장군과 병사들, 그리고 장엄한 전투에 이르기까지 전쟁의 행위자는 모두 남성이었다. 대부분의 경우 여성들은 전쟁의 보조자 또는 후방의 지원자로 기억되어왔다. 여기서 남성의 이미지는 시대의 아픔을 온 몸으로 감싸 안으면서도 결코 희망을 버리지 않는 남성으로, 여성의 이미지는 철부지 딸과 수다쟁이 어머니로 나타나며 철저히 대비된다. 전쟁의 기억에서 여성들은 언제나 수다쟁이, 철부지, 허영녀, 남성의 보호를 받는 대상으로 재현된다. 이러한 이미지화의 효과는 무엇인가? 그 이유는 여성을 불완전한 존재로, 즉 남성의 보조자로 각인시켜 영원히 타자에 머물게 하는 성(性)권력의 배치 때문이다.8)

「임진강의 민들레」9)는 전쟁을 배경으로 쓰인 소설로 전쟁이라는 특수한 상황과 이념적 형식을 지운과 이화의 시선으로 처리한다. 지운은 마르크시즘 이론의 핵심을 이해하고 있다. 따라서 공산주의에 대한 경각심과 분명한 실천방향을 가지고 있다. 이렇게 이념에 대해 의식화된 지운은 전투에 참여하면서 전쟁의 한가운데 중심에 서있는 모습을 보여준다. 지운과 마찬가지로 북한 대위 또한 마르크시즘의 이론과 실천에 세뇌되어 자신의 이념에 위배된 행동을 보이는 자들을 가착 없이 죽이는 모습을 보이면서 이념의 한 가운데에 서있는 것을 보여준다.

그러나 전쟁의 한가운데에 남성이 중심이 되어 전쟁이 진행되는 반면 여성은 전쟁에 수동적인 자리로 피해자로 남아있을 뿐이다.

일반적으로 전쟁과 여성의 상관성에 대한 연구는 크게 두 방향으로 이루어져 왔다. 하나는 전쟁 피해자로서의 여성에 대한 연구이고, 다른 하나는 전쟁 기간이나 전후에 이루어진 여성의 경제활동과 지위변화에 주목하는 연구였다. 전자는 주로 여성에 대한 학살, 강간, 폭행 등 주로 전쟁 중 남성이나 국가가 여성들에게 가한 성적학대에 대한 연구로서, 전쟁의 희생자이자 피해자인 여성을 강조하고 있다. 후자는 전쟁이 여성 사회의 근대성을 앞당기는 역할을 했다는 논리를 바탕으로, 남성들의 부재와 그로인한 여성들의 사회활동과 지위 변화에 주목하고 있다.10)

---

8) 이임하, 『여성, 전쟁을 넘어 일어서다』, 서해문집, 2004, 12~16면.
9) 강신재, 「임진강의 민들레」, 『젊은 느티나무』, 민음사, 1996.
10) 위의 책, 이임화, 17~18면.

이화와 옥엽을 통해 드러내고자 하는 것은 후자의 여성의식에 가깝다. 소설 초반부의 이화의 모습을 허영적인 모습과 함께 자기중심적인 사고방식을 지니고 있는 것으로 그려진다. 그러나 이화의 의식은 점차 개인의 사고의 틀에서 벗어나 점점 세계와 다른 가치로 확대되는 모습을 보이고 있기 때문이다.

이화는 숙자의 권유로 공산주의 사상을 공부하는 모임에도 몇 번 다녀올 정도로 아직 이념에 대해 의식화되어있지 않은 상태이다. 이화는 자신이 사랑하는 지운이 소련을 싫어하면 그것이 싫고 붉은 기를 증오하면 자신도 거기에 맞추어 줄 수 있는 그런 정도의 문제로 이념에 대한 의식이 부족한 상태에 놓여있다. 그렇기 때문에 자신이 공산주의사상을 공부하는 모임에 참석한 것에 지운이 과격하게 화를 내는 것을 이해하지 못한다. 이념에 대해 의식화되지 못한 모습은 이화의 동생 옥엽에게서도 나타난다. 옥엽은 갑자기 들이닥치는 공산당원과 식량의 부족으로 인한 생계의 위협에서 공산당원들에게 밥을 해줌으로써 위기를 모면한다. 그러나 옥엽은 강제로 공산군 대위에게 끌려가면서도, 이동 도중 대위에게 결혼하고 싶다는 말을 듣자 흔들린다. 옥엽에게도 공산주의는 무서운 대상이고 그래서 도망해야한다는 생각이 있지만 이념적으로 의식화 되지 않은 않았기 때문에 공산군 대위의 친절한 태도에 어느 정도 환상을 갖게 된 것이다.

그러나 옥엽은 대위의 잔악한 행동을 직접 눈으로 확인하고 나서야 그 실체를 깨닫고 대위에게서 도망을 하게 된다. 이렇게 지운과 대위, 이화와 옥엽은 이념적으로 철저하게 의식화되어있는 모습과 그렇지 않은 모습으로 양분되어 있다.

이념의 결핍은 언제나 나약하고 어린아이처럼 굴며 떠드는 어머니 심씨의 성향에도 드러난다. 그러나 여성의 이념의 결핍은 식민지사회를 거치고 전쟁을 거치면서도 면면히 이어져 내려오는 남성중심적인 사회체제의 편향으로,

여성에게는 이념을 내재화시킬 수 있는 힘이나 기회가 없었던 것에 그 요인을 찾을 수 있다.

이념이 결핍되었을 때 취할 수 있는 행동은 굉장히 단순화될 수 있다. 이념이란 곧 세계를 구성하는 사고에서 분명하게 의식화된 정신을 지니고 있는가, 아닌가를 판가름할 수 있는 매개가 될 수 있기 때문이다. 따라서 이화와 옥엽의 작은 의식의 변화나 자각은 한 인간으로서 의식화되어가는 모습을 보여줄 수 있다.

이화와 옥엽의 조금씩 변모해가는 의식은 현재 진행 중인 과정을 그저 '반영'하기만 하는 것이 아니라, 의식을 감싸고 있는 전체 역사의 상황을 바꾸어 놓는다.[11] 여주인공들의 작은 의식의 변화는 곧 자신의 정체성을 찾아나가는 도정으로 그려지면서 기존사회의 체제를 조금씩 전복하며 여성의 위치를 회복해나가는 조짐이 된다.

(1) 전쟁과 인간성 상실

6·25전쟁의 발발과 함께 갑작스럽게 들이닥치는 공산진영과 후반부에 등장하는 자유진영은 소설 인물들에게 갑작스런 이념과 체제를 강요하며 혼란스러움을 가중시켰다. 이념에 대한 충분한 숙고 없이 받아들이게 되는 전쟁과 죽음의 그림자 앞에 소설 인물들은 모두 불안과 공포를 감추지 못한다. 거리는 갑작스런 혼란과 포탄소리로 가득 차고 학교 또한 총칼을 든 점령군이 들이닥치며 학생들을 의용군으로 징집한다. 갑자기 들이닥친 공산진영은 모든 질서를 파괴시키고 자신들에게 협조적으로 나올 것을 요구하며 그에 맞지 않을 때에는 죽음의 방식으로 처단된다.

이화네 동네 양복점을 하던 젊은이는 동네 반장 역할을 하며 인민공화국의

---

11) 게오르게 리히트하임, 『루카치』, 시공사, 2001, 93면.

기견본과 스탈린, 김일성 초상화를 가져다 집집마다 붙이게 하고, 젊은이들을 색출하여 의용군으로 보내고자 하며 겸손했던 모습을 점점 잃어가고 권력이 휘두르는 맛에 빠져 인간성을 서서히 잃어간다. 또한 이화의 집을 봐주는 할아범 또한 이화네 식구들에게 뻣뻣하게 굴고 그 아들 또한 이화네 가족을 무시하며 이전과는 다른 모습을 보인다. 또한 거리의 시장에서는 한조각의 떡을 내놓고 파는 아이들의 떡을 몰래 먹고 도망가는 어른이 있고 가족을 생각하며 양심에 찔려하면서도 조금이나마 허기를 채우는 사람들이 있다. 이화네 동네에 사는 영아엄마는 남편이 곡식을 훔치려다 공산군에게 총을 맞아 죽었지만 식구들을 먹여 살려야한다며 공산당원이 먹는 밥을 짓게 해달라고 부탁해 이화네 집에서 일을 하고 남은 밥을 가져가며 흐뭇해하기도 한다. 또한 어느 시골 동네에서는 독농가로 모범청년 표창을 받은 젊은이와 칠순이 다된 기와집 주인 노인이 희생제물이 되어 돌아오지 않지만 그들에 대해 묻는 자가 아무도 없다. 다만 그들이 죽은 대가로 평화가 왔다는 것만을 짐작할 뿐이다. 이러한 정경은 공포와 죽음의 모습으로 다가오는 이념의 실체와 생존을 위해 참된 인간성을 잃어버린 참상을 보여준다. 이들 중 양복점 젊은이와 할아범의 아들은 공산군의 앞잡이가 되어, 권력의 맛에 취해 지위에 대한 열등감을 이기적이고 억압적인 방식으로 표출하기도 한다.

그러나 위압적으로 다가오는 이념 앞에 옥엽은 식구들을 살려내기 위해 그 무리에 복종한다. 공산당원들의 밥을 짓는 장소로 변한 집에서 옥엽은 공산주의에 대해 공포나 혐오의 감정을 애초에 가지지 않은 듯 밥과 반찬을 정성스럽게 만들어준다.

그러나 공산군이 전쟁에 패하면서 북한대위가 가족들을 총으로 위협하자 옥엽은 대위를 따라 어쩔 수 없이 북으로 떠나게 된다. 이동 도중 마음이 대위에게 점점 기울어갈 무렵, 소년병 둘 중 한명이 북으로 가지 않겠다고 실랑이를 벌이는 소리를 듣고 대위가 그 소년병을 총으로 사살하는 것을 보고 옥엽은 대위에게서 도망을 친다. 산기슭을 내달을 때 비행기가 공습하면서 대위는 죽고 옥엽은 살아나 집에 돌아온다.

옥엽이 소설에서 살아남는 것에는 여러 가지 의미가 담겨있다. 어떤 이념에도 저항하지 않고 가족을 살리기 위해서라면 자신의 감정을 애써 무시하며 그들에게 복종할 수 있었던 것은 가족에 대한 사랑이 있었기 때문에 가능한 것이다. 또한 이념적인 문제는 정확하게 이해하지 못하더라도 점점 대위에게 마음이 간 것은 그를 인간적인 마음으로 바라보았기 때문이다. 그러나 아무렇지도 않게 소년병을 죽이는 모습에서 옥엽은 대위에 대해 한 가닥이나마 기대했었던 인간성에 대한 혐오와 배반감을 느낀다.

옥엽은 혼란스런 사회에서 이념에 물들지 않은 하나의 인간상을 구축한다. 전쟁으로 인해 많은 사람들이 인간성을 상실해갈 때 마지막까지 가족을 살리기 위해 대위를 따라오고, 애써 대위의 인간성에 한 가닥의 희망을 걸며 그에게 마음을 의지하려 하였던 것이다. 하지만 그 모든 것이 사라지게 됐을 때 옥엽이 선택한 것은 그에게서 벗어나는 길뿐이었다. 옥엽이 보여주는 삶의 방식은 전쟁이 나기 전부터 식구들을 하나하나 섬기는 모습에서 헌신적, 희생적인 삶이었다. 이러한 모습은 전쟁의 와중에도 식구들의 안전을 위해 공산당원들에게 정성스럽게 밥을 해 먹이는 모습으로 나타나고 대위와 함께 떠나는 모습으로 반복된다. 그러므로 옥엽이 살아 가족으로 돌아가는 것은 헌신적, 희생적인 모습만이 모든 가치에서 의미를 지닐 수 있음을 뜻한다. 비록 공산군들에게 정성스럽게 밥과 반찬을 해준다는 의미가 자유진영의 측면에선 추출해야하는 대상이 되며, 가족중심적인 이중적인 모습을 지니고 있다 할지라도, 옥엽에겐 자유진영과 공산진영의 구분보다는 자신이 희생함으로써 가족을 살릴 수 있다면 그것에 최선을 다하는 것이 올바른 가치일 뿐인 것이다.

옥엽의 희생적인 모습으로 인해 가족이 살아있게 되었고, 극악한 공산당원 강석우도 이러한 옥엽에 끌려 북에 데려가려다가 상관인 대위에게 죽은 것처럼, 진정한 가치는 이념의 문제가 아니라, 그 이념이 추구하는 세계와 방법이 진정으로 무엇을 의미하는지에 대한 의미 규명이 먼저 이루어질 때 그 가치를 매길 수 있는 것이다.

옥엽은 분명한 이념적인 사상을 가지고 행동하지 않았기 때문에 이념에 소외된 인물이라 할 수 있다. 그러나 옥엽의 지극히 헌신적인 모습만이 이념에 물들어가는 인간성과 잃어버린 자아를 회복시킬 수 있는 유일한 방법으로 투영된다.

옥엽의 희생적인 행동은 이화에게도 나타난다. 이화는 전쟁이 나기 전부터 식구들에게 희생적인 옥엽을 보며 이상하게 생각했고, 자신은 봉사나 희생보단 자기를 위해 사는 것이 훨씬 중요하고 정당한 것으로 여겼다. 그러나 전쟁 중의 시장을 돌아보며 이화는 여러 가지 생각을 하게 된다. 이화는 생계를 위해 어렵게 장사하는 아낙과 아이들을 안타깝게 바라본다. 또한 전표를 들고 소고기를 달라는 작은 소년병을 보면서 다른 사람들과 함께 비웃지 못한다. 비극적이면서도 역설적인 상황 앞에서 이화는 다른 사람들의 상황을 생각하게 된다. 이화는 여성동맹에 가입하라는 외부적인 상황에 밀려 북한군인들이 수용되어 있는 적십자병원에서 일하게 되면서 누구보다도 죽어가는 북한 병사들을 헌신적으로 돌봐준다. 이화는 한쪽 팔이 떨어져 나간 죽어가는 병사의 남은 팔을 주물러주기도 하며 죽어가는 병사들을 안타깝게 생각한다. 이화는 자신만을 생각하던 태도를 버리고 누군가의 아픔을 덜어주면서 지운과의 이별한 슬픔을 극복한다.

하지만 이화는 북으로 이송되는 의료진 기차에서 동료 김명식과 탈출에 성공하지만 임진강에 손을 담그다 공습을 받아 죽는다. 이화는 김명식이 달고 있는 노란 훈장을 보며 민들레가 피었다고 생각하며 죽어간다. 이화는 죽음 앞에서 민들레를 보며 평안하게 죽는다. 강물에 한 손 끝을 담그고 민들레를 보며 평안하게 죽어가는 이화의 모습은, 힘겹게 살고 죽는 인간사에서 조금 떨어진 이면의 아름다움을 그대로 드러낸다. 이화는 전쟁을 겪어나가면서 이 기적인 모습에서 이타적인 모습으로, 유행에 앞선 아름다운 여인에서, 강물 에서 인간사와 떨어진 아름다움에 감동할 줄 아는 모습으로 변화된 모습을 보여준다.

옥엽의 희생적 모습과 이화의 변화해가는 의식과 행동은 전쟁이 가져온 인 간성 상실의 문제를 회복하고 새로운 가치를 추구하는 모습을 보여준다. 또 한 옥엽과 이화는 헌신적, 희생적, 인간적인 모습으로 진정한 의미의 자아를 회복하고 파헤쳐진 인간성회복을 추구한다.

이화는 병원에서 환자들을 치료하면서 이념을 초월하는 모습으로, 옥엽은 폐문임파라는 병을 지니고 있는 상태에서도 가족을 헌신적으로 섬기는 모습 에서 의식화된 이념을 넘어선 진정한 가치의 세계를 향해 나아가고 있다.

의식화된 이념과 거리가 먼 또 다른 헌신적인 인물로는「落照前」12)에 나 오는 옥례를 들 수 있다. 옥례는 전쟁의 혼란을 이용해 일확천금의 꿈을 이루 려하는 남편 덕구가 하라는 대로 요양원 방공호에 갇혀있는 포로들에게 밥을 지어준다. 하지만 이들은 공산군에게 끌려가 총살을 당할 사람들이다. 그러 나 옥례는 이들에게 밥을 지어주는 일을 괴상한 일을 하면서도 덕구와는 달 리 이들에 대한 인간적인 동정과 연민을 지니고 있다. 이런 마음은 한 여인이 찾아와 남편을 찾으러 왔다며 방공호에 있는 사람들 좀 보여 달라며 백금시 계를 내놓았을 때 그것을 도로 여자의 손에 쥐어주며 방공호에 같이 가는 모 습으로 나타난다. 또한 처음으로 가보는 방공호에서 손발이 묶여진 채로 입

---

12) 강신재,「落照前」,『戲畫』, 啓蒙社. 1956년 작품.

으로 주먹밥을 먹는 포로들의 모습에 연민을 느끼고, 그들에게 주전자 물을 함부로 뿌리는 덕구의 비인간적인 행동에 놀란다. 옥례는 자신의 이익과 욕망을 위해 다른 사람들을 억압하는 탐욕적인 인물이 되지 못 한다. 옥례의 연민은 포로 중에 한때 자신과 연루되었던 농군을 발견해 그에게 따뜻한 밥을 해주어야겠다는 열망으로 포탄이 터지는 공습에도 뛰어 나가는 모습으로 재발견된다. 옥례가 포로들에게 주먹밥을 끊임없이 대주는 것은 어떤 이념적인 성향이 있어서가 아니다. 곧 죽게 될 사람이지만 죽어가는 사람일지라도 굶주리게 해주어서는 안 된다고 생각하기 때문이다. 그러나 죽어가는 사람에게 밥을 해주는 것에 만족하는 옥례의 소극적인 태도는 또 하나의 인간성을 상실한 모습일 수 있다.

옥례는 덕구에게 시집을 온 것 자체를 자신을 잃은 결과라고 생각한다. 극도의 수치심 때문에 덕구와 혼인한 옥례는 덕구에 대한 반감으로 거의 말을 걸지 않으며 덕구의 아이를 낳지 않으려한다. 그러나 자아를 상실한 옥례의 소극적인 태도는 포로 중에 옛날의 농군을 발견하면서 다시 되찾게 된다. 방공호 속에서 처참하게 죽음을 기다리는 농군을 보자 옥례는 처음으로 덕구를 의식하지 않고 그 스스로 행동하게 된다.

옥례만이 덕구의 꾸중도 귀에 안 들어오는 듯이 새벽 어둑할 때부터 밖에 나갈 기회만 노리고 있었다. (― 밥을 지어야지) 옥례의 생각은 그것이었다. 밥을 굴안에 지어 가지 않으면 안 되겠다. 그 사람에게 부드럽고 따뜻한 밥을 지어다 먹이지 않으면 안 된다고 옥례의 가슴은 터질듯이 고동치는 것이었다. 그리고 자기도 과도 칼을 품속에 넣고 들어갔다가 그를 놓아 주어야 한다고 생각했다. 무엇들이 그를 죽이러 오기 전에 덕구도 모르게 감쪽같이 해치워야 한다고 생각했다. ― 아니 더 분명히 말을 한다면 그네는 생각은 그토록 대담히 하면서도 실지로는 정신이 아뜩해지도록 그 일이 무섭고 어렵고 멀게 여겨지는 것이었다. 그 사람에게 먹일 밥을 지어 놓는다는 일이 그보다는 실질적으로 하기 쉽게 느껴졌다. 폭탄 속에서라도 그것은

반드시 할 수 있을 것 같았다. 그네는 들통을 들고 내어달렸다. 그러나 그네
는 몇 발작 못나가서 쓰러지고 말았다. ― '저, 저것이 아 우째 저런대어?' 덕
구가 취사장께에서 소리를 지르고 있었다.[13]

옥례는 농군에게 따뜻한 밥을 지어다 먹여야 한다는 생각으로 죽음을 불사
하고 포탄 속으로 뛰어든다. 옥례의 행동은 덕구와 덕구가 종속되어있는 공
산당의 세력에 위배되는 것으로 실로 무섭고 어렵게 느껴지는 일이었다. 그
러나 농군을 풀어준다 해도 기운이 쇠한 농군이 도망가지 못할 거라는 생각
이 미치자, 따뜻한 밥을 해주는 것만이 자신이 할 수 있는 최선의 행동이라고
생각하며 죽음을 불사하고 포탄 속으로 뛰어든다. 옥례가 덕구와 결혼한 이
후, 그녀 스스로의 생각과 행동을 한 것은 처음 있는 일이었다. 그러나 옥례가
덕구의 뜻을 위배하며 농군을 구하려는 행동은 이념적인 형식에 의해서가 아
니라 인간적인 연민과 동정에 발로한 행동이다.

강신재 소설에서 인간적 연민과 동정은 인간성의 회복에 초점을 맞추고 있
다. 남성들이 이념에 고취되어 폭력적인 광기와 강압적인 모습을 보이며 진
정한 가치와, 자아와 인간성을 상실하는 과정을 보여준다면, 여성들은 이들
의 폭력적인 성격에 대항하거나 배반한다. 그리하여 폭력적으로 다가오는 이
념지향적인 의식을 부정하고 인간성 회복이라는 새로운 가치에 주목한다. 강
신재 소설은 이념적 의식을 초월한 진정한 가치에 그 의미를 둔다.

(2) 이념의 혼란과 소외된 인물

6·25 전후로 해서 우리 민족은 갑작스럽게 들이닥치는 공산군과 미군병사
들 사이에게 이념적 혼란을 겪는다.

「落照前」[14]의 덕구는 옥례를 호강시켜주려는 목적으로 공산군을 돕는다.

---

13) 위의 책, 336~338면.

덕구는 포로들을 잡아다 요양원 방공호에 가두어놓았는데, 미군의 폭격이 심해지면서 산위로 올라간 공산군 위원회는 아침마다 포로를 열명, 스무 명씩 잡아가 총살을 하곤 한다. 덕구가 이런 일을 할 때, 아내 옥례는 포로들이 총살당하기 전에 먹으라고 주먹밥을 해서 날러준다. 어느 날 요양원으로 남편을 찾으러 온 여자와 함께 요양원에 가본 옥례는 처참한 광경을 바라본다. 포로들은 모두 손발이 밧줄에 묶인 채로였고 주먹밥을 다리위에 놓아주면 입으로 먹느라고 정신이 없었다. 덕구가 이렇게 잔인할 정도로 공산군을 돕는 것은 이념적인 이유에서가 아니었다. 좀더 사치스럽고 좋은 것을 옥례에게 사주며 큰 소리를 치고 싶은 마음에서였다.

> 수건 속에서는 하얀 보석이 다닥다닥 박힌 백금시계가 나왔다. 덕구의 손구락 손톱보다도 작은 그 패물이 그러나 얼마나 비싸게 흥정 되던 물건인가는 덕구로서도 짐작이 갔다. 덕구는 옆 눈으로 그것을 바라보았다. 이를테면 저런 것을 그는 옥례에게 덤석덤석 사주고 싶었던 것이다.[15]
>
> 덕구의 물질의 욕망은 가치관의 혼란을 틈타 이기적인 욕망을 만족시키고자 했지만 덕구의 욕망은 만족되지 못한다. 이러한 충족되지 못한 욕망은 옥례가 덕구를 대하는 태도에서도 나타난다.

> 애당초 덕구에게 시집을 온 것은 그네가 자기를 잃은 결과였었다. 열 일곱 때에 단 한번 상사하는 젊은 농군과 어둠에 쌓여서 희롱하던 장면을, 짖궂은 덕구에게 보이고 말았다는 그 한 가지 우연이 일을 그렇게 만들어 논 것이었다. 덕구가 그렇게도 몹슬게 옥례의 수치심을 자극하지 않았더래도 그리고 또 그다지 악착스레 상대의 농군을 타곳으로 몰아내지 않았더래도 옥례는 덕구의 말을 안 듣지는 않았을 것이었다. 극도의 수치심으로 하여 그네는 거의 자기를 상실하고 있는 것이었다.[16]

---

14) 강신재, 「落照前」, 『戲畵』, 啓蒙社. 1956년 작품.

15) 앞의 책, 327~328면.

16) 앞의 책, 323면.

덕구는 자신이 소유하려는 것은 어떠한 방식으로든 소유하고 만다. 옥례를 자기 곁에 두기위해 덕구는 옥례의 수치심을 자극하고 농군을 다른 곳으로 보내버린다. 따라서 옥례는 덕구 곁에 있으면서 말을 거의 하지 않으며 자기를 상실한 채로 살아간다. 이때 옥례가 자신의 의지를 보인 장면은 덕구를 배반하는 행동으로 나타난다. 옥례가 남편을 찾으러 온 여자와 방공호 속에 들어갔을 때 옥례는 자신이 좋아했던 농군이 묶여있는 것을 발견했기 때문이다. 농군을 발견한 이후 옥례는 새벽부터 나갈 궁리만 한다. 농군에게 부드럽고 따뜻한 밥을 먹여야 한다고 생각하고 그를 풀어주어야 된다고 생각한 것이다. 이 일이 무섭고 멀게 여겨지더라도 폭탄 속에서라도 그것은 반드시 할 수 있을 것 같다고 생각한다. 들통을 들고 뛰어가던 옥례는 연달아 떨어지는 폭탄으로 날라 간 흙과 나무 가쟁이에 호되게 맞고 들통은 벼랑 끝까지 굴러간다.

포탄 속에서도 농군에게 달려가고자 하는 옥례는 덕구의 욕망을 배반하는 모습을 보여준다. 옥례에 대한 잘못된 소유욕은 결국 덕구를 소외시키고 죽음으로써 배반한다.

옥례는 군인에게 잡혀가 총살당할 장소로 걸어가면서 열일곱 살의 그 때부터 어딘지 잘못되어 온 시간이 이젠 끝이 났다고 생각하면서, 그러면서도 자기에게는 무엇인지 매우 미진한, 그냥 두고 가서는 안 될 무엇이 남겨져 있는 듯한 안타까움을 느꼈다. 그러나 이렇게 죽는다는 그일 마저도 오랜 세월을 살아온 그 잘못 같은 것의 계속이라고 여기면 가슴이 흔들리지 않을 정도로, 자신의 삶에 대해 체념하는 모습을 보여준다. 자신이 살아온 시간이 잘못된 시간이었음을 생각하며 옥례는 함께 총살당하는 덕구를 바라보지만 자신의 죽음이외에는 아무것도 의식하지 못하는 덕구의 모습에서 옥례는 또 한번 소외를 경험하게 된다. 전쟁은 이념적 혼란과 함께 모든 가치의 혼란을 가져오면서, 이념적 가치와 개인의 욕망이 대립되고 맞물린다. 이 때, 이념적 가치를 제대로 인식하지 못하는 인물들은 덕구와 옥례처럼 죽음을 맞이하게 된다. 옥례가 덕구의 욕망적인 모습에 희생되어 소외를 경험한다면 「눈물」의 주인 공 송점화는 그녀 안에 지니고 있는 소외와 열등감을 이념의 혼란을 틈타 회 복하려다 자신의 욕망에 배반당하는 결말을 갖는다.

「눈물」[17]의 송점화는 전쟁과 함께 찾아온 이념의 의미를 제대로 이해하지 못한 상태에서 타자의 힘을 빌어서 자기 정체성을 찾으려는 소외된 인물이다. 송점화는 모든 가치의 혼란을 틈타 자기를 인정해주는 권력에 의지해 자기 소외를 극복하려든다. 송점화는 보기 드문 추물로 어디에서건 소외당한 채로 살아왔다.

> 그러나 물론 그는 괴물도 아무것도 아니었고 다만 어릴 적에 화상(火傷) 을 입은 탓으로 얼굴의 피부가 주욱 한창으로 내려 밀린데다가 아래턱에서 는 그것이 주머니처럼 우굴 우굴 매열달렸는데, 눈과 코와 입이 밝앟게 까 뒤집히거나 실그러저 가지고 남아 있다 할 다름이다. 그러나 여하튼 이 면 모는 ― 그것이 조금도 그의 죄가 아님은 분명한데도 불구하고 ― 그의 생애 에 몹시도 가혹한 영향을 던졌다. 송점화는 그 살어 온 사십여 년 동안 얼마 나 가슴을 떨며 울었는지 얼마나 하늘을 쳐다보고 발을 굴렀는지 아무도 알지 못한다. (사람에게서 따뜻함이나 은근함을 구해서는 안 된다. 사람이 란 모두 쌀쌀스럽고 매정하다.) 그러나 그런 줄 알면서도 송점화는 가끔 이 웃 예편네들 틈에 끼어보려고 어정대다가 퇴박을 받곤 했다.[18]

송점화는 보기 싫은 외모 때문에 사람들 사이에서 퇴박을 당하며 어울리지 못하는 수모를 받는다. 송점화가 느끼는 소외는 인간으로부터의 소외[19]로,

---

17) 강신재, 「눈물」, 『戱畵』, 啓蒙社. 1951년 작품.

18) 위의 책, 133면.

19) 마르크스는 소외의 형태를 노동의 생산물로부터의 노동자의 소외, 생산 활동, 곧 노동 그 자 체로부터의 소외, 유적존재로부터의 소외, 인간으로부터의 인간소외로 유형화한다. 김종호, 『실존과 소외』, 성대출판부, 1980, 24~28면.

송점화는 소외의 상태를 불안하게 받아들인다. 그러므로 송점화가 추구하는 상태는 소외의 상태에서 벗어나 사람들과 함께 더불어 살아갈 수 있는 소외되지 않은 상태라고 할 수 있다. 따라서 송점화가 계속하여 사람들의 무리에 합류하지 못했을 때 옆집 숯덩이를 홈쳐내거나 양대야를 짓밟아 우굴어 트려 놓으며 분노를 하는 것은 자기정체성을 획득하지 못한 데에 따른 고립감을 표출한 것이라 할 수 있다. 그러나 송점화의 고립감은 배급소 문이 열리고 쌀을 들통으로 타기 시작하면서 자신의 생명의 안위를 획득하는 현존에 충실한 모습으로 충족되기도 한다.

> "이것은 모두 우리 배고픈 동무들의 것입니다. 부자놈들은 여러분에게서 이것을 빼앗고……" 송점화는 아무소리도 귀에 들어오지 않았다. 쌀자루를 뒤집어 이고서는 숨이 턱에 닿어서 하꼬방으로 돌아왔다. 옥자 엄마가 눈이 왕방울만 해지면서 무어라구 소리쳤건만 송점화는 들은 척도 안했다. 그는 지금 어떤 꿍심이 있어 찬득 급했던 것이다. 자루를 븨운 그는 다시 배급소로 달려갔다. 아까 보다 사람이 부쩍 늘어 왁자지껄 하면서들 열을 지은 틈새에 송점화는 시침이를 떼고 끼어들었다. 인민군은 ─ 그들 새로운 병정들은 이렇게 불러야 한다는 것을 그때 알었다 ─ 그를 꺼집어 내지도 않고 선선히 쌀자루를 채워 주었다.[20]

송점화는 쌀을 타기 위해 이 동네 저 동네를 뛰어다니며 많은 쌀을 타온다. 그리고 쌀을 내주는 공산당원들이 사람들에게 동회 앞 빈터로 모이라고 했을 때 첫째로 달려가 맨 앞줄에서서 그들의 연설을 듣기도 한다. 하지만 송점화는 그들이 말하는 연설의 의미를 하나도 이해하지 못한다. 송점화는 자신을 보고 여성동무라고 불러주며 질문이 있냐고 물어봐준 것에 감동해 그들이 모이는 모임엔 가장 먼저 나가며, 금속징수에 대해 여맹원이 무언가를 설명 할 때에도 그는 금속을 어떻게 해야 옳다는 말인지도 채 알아듣지 못하면서 연

---

20) 앞의 책, 138면.

설이 끝날 때는 특별히 정성들여 고개를 숙이며 동의를 했고, 다음날 철문회
수에 많은 애를 쓰며 열성당원의 노릇을 한다. 또한 복구공사로 사람을 동원
시키는 일에도 일조하고, 전출문제가 일어났을 때 숨어있는 청년들을 고발해,
정순네 복이네와 움집아들이 의용군에 나가는 것에도 공로를 끼쳤다. 공산당
원들에게 인정을 받자 송점화를 소외시켰던 동네 여자들이 송점화에게 와 여
러 문제를 물어왔고 송점화는 여자들 사이에 끼어서 함께 몰려다닐 수 있게
되었다.

그러나 송점화는 자신이 하는 행동에 대해 어떤 판단이나 인식도 지니고
있지 않다. 그것은 자신이 누군가에게 인정받고 있는 것에 대한 집착으로, 다
른 사람들에 대한 연민이나 동정은 있지 않다. 송점화는 단순히 자신을 인정
해주고 소외시키지 않는 제도의 공간과 여건에 충실함으로써 소외당한 시간
에서 벗어날 수 있었다. 그러나 남의 집 아들들을 의용군에 나가도록 고발하
는 행동은 진정한 가치와 멀어져 있다.

송점화가 추구한 가치는 주변인의 기대치에 부응하려 행동하고 당원이 하
라는 대로 도식화된 행동을 보임으로써 그의 정체성은 오히려 더욱 소외될
뿐이다. 소외를 극복할 수 있는 자기 동일성의 통합능력은 타아가 아닌 자아
의 자력에 의해서만 가능하다. 그러나 송점화는 내면적, 의식적인 자기 동일
성을 추구하기 보다는 타아의 시선과 권력에 의존하여 자신의 정체성을 찾으
려 하였기에 그녀가 찾고자 하던 자기 정체성은 회복되지 못한다. 송점화는
난리가 나던 날 반 부셔진 민청의 건물 앞에서 공산당원이 지나가는 남자들
을 지하실에 밀어 넣는 것을 도와주다가 함께 지하실에 갇히게 된다. 마지막
까지 자기를 인정해주던 당에 충실했던 송점화는 공산당원에게 의용군에 나
가지 않은 남자들과 함께 총알에 맞아 죽는다. 송점화를 인정해준다고 생각
했던 당은 남자들과 송점화를 구별하지 않고 무차별적으로 죽인 것이다. 송

점화는 자신이 신봉했던 당에게 배반을 당하면서 또 한번 정체성을 잃는다. 송점화가 추구하던 타자를 통한 정체성 회복은 타자의 배반으로 이루어지지 못한다.

가치관의 혼란과 소외의식은「埠頭」 21)에서는 투지와 신념으로 똘똘 뭉친 주인공 신씨가 돈과 외부적인 환경에 연연해하고 굴복당하는 모습에서 다시 잘 나타난다.

신씨는 선석 근방에 있는 조금만 가게 방주인이거나 거간영감의 옷차림을 한 노신사로 투지와 기개, 오기가 넘쳐흐른다. 신씨는 아들 둘을 잃고 부인도 준식이 미국유학을 가기 20일 전에 죽는 일을 당한다. 하는 사업마다 신통치 못한 신씨는 아들 준식이 자신이 만든 기계 몇 개가 공과 협회의 미국 고문관의 주의를 끌어 장학금을 얻게 되어 미국 유학을 갈 수 있다는 것에 인생의 흡족함을 느낀다. 그러나 부두에 유학 가는 자녀들을 배웅해주는 인물 중에 최씨를 만나는데, 최씨는 신씨와 젊은 시절에는 함께 몰려다니면서 놀아대고 한때는 평양 기생 하나를 서루 다툰 일까지 있는 사이였었다. 신씨는 그 최씨가 좋지 않은 풍문과 더불어 감옥에 들락날락 해가면서도 재물을 모으고 행방 후에는 출세까지 하였다는 얘기를 들었다. 하지만 이러한 것을 부러워하지 않은 것은 그의 왕성한 투지가 수치스런 감정을 허용하지 않은 때문이기도 했지만, 자신에게도 버젓한 사업이 있고 아들이 있다고 생각하기 때문이다. 다만, 무엇인지 좀 초라한 빛깔이 꾀죄죄한 궁티가 자기에게서 흐르고 있다는 것을 최씨로 인해 비로소 느끼게 된다.

미국으로 떠나는 아들과 인사를 다 마치고 돌아가려 할 때 사람들은 집으로 돌아가지 않고 부두 안으로 들어가려한다. 모두가 제재를 받았지만 이때 최씨는 어디선가 <국회>라고 흰 글로 써진 차를 타고 호기 있게 되돌아와

---

21) 강신재,「埠頭」, 『戱畵』, 啓蒙社. 1954년 작품.

순경인 MP앞으로 무슨 쪽지를 내보이고는 그대로 스르륵 부두 안으로 들어가고 이어 다시 나와 자신과 안면이 있는 다른 사람들을 데리고 들어간다. 최씨는 다른 사람을 데리고 들어가면서 신씨는 거들떠보지도 않는다. 모두가 들어가고 나이 많은 늙은 여자와 신씨만이 못 들어가고 있을 때 늙은 여자마저 순경이 딴 곳에 가있는 틈을 타 부두 안으로 들어가고 신씨만 남는다. 신씨도 늙은 여자를 따라 몰래 들어가다가 순경에게 잡혀 곤혹을 치른다. 이때 안에서 나온 한국 순경 한사람이 신씨의 안타까운 처지를 보며 부드럽게 말해준다.

> "영감님, 이 애들은 기계모양으로 막무가내랍니다. 어데 가서 증명서 같은 걸 얻어 오시던지 안 그러면 그냥 돌아가시지요" "글쎄 무 무슨 증명을 어디 가서 얻는지……" 신씨의 음성은 그의 의사를 배반해서 울먹울먹 떨렸다. "글세 어디서 무슨 증명을 얻는지 나도 모르겠는데요, 누구 말할 만한 사람 아는 이 없으세요?" 묻는 사람부터가 난처한 얼굴을 지었다. 신씨는 억지로 마음을 가라 앉혔다. 돌아 가리가 생각했다. ─ (최가는 들어갔다. 사람들은 죄다 들어갔다. 준식의 애비인 나만 못 들어갔다.) 무턱대고 기가 올랐다. 먼저 짖궂이 MP를 설복하여 들어가던 청년 둘이 한가한 걸음거리로 되돌아 나왔다. "아아 누구신지 부친이 한분 못 들어 오셨다구 하더니……" "배가 인젠 떠나려구 하는데 아직 못 들어 가셨군요. 가마안 있자……" ─ 신씨는 두 손으로 모자를 움켜쥐고 남아 있는 한 청년을 향하여 "고맙습니다. 이렇게들 말씀이라두 해주시니……"하고 자기도 모르게 무수히 이마를 조아리고 있었다.[22]

신씨는 사람들이 부두 안에 왜 들어가는지도 모르면서도 남들이 다 들어가니까 들어가려고 애를 쓰다 곤욕을 치른다. 신씨는 청년들이 자신을 두둔하는 말을 해주었다는 것만으로도 고맙다며 무수히 이마를 조아린다. 신씨의 이런 태도는 투지와 오기로 뭉친 그의 생활 태도와는 완전히 위배된 모습이

---

22) 위의 책, 187~189면.

다. 신씨는 미국 병정이 몰고 온 차에 탄 혜란이 그를 알아보고 부두 안으로 데려가면서 목적을 이룬다. 혜란은 서울서 준식과 국민 학교를 같이 다니던 친구였지만 모던걸이 되어 우연히 준식과 만나 집에 놀러오고 했을 때 신씨가 맘에 들어 하지 않으며 내쫓았던 인물이다. 그러나 신씨는 그런 사정은 아예 생각하지 않는다. 또한 혜란 옆에 미군병정이 타고 있는 것에 대해서도 개의치 않는다. 이미 배는 멀리 지평선을 향하여 공처럼 작아져있음에도 다만 자신이 부두 안에 들어 왔다는 것에 새롭게 흥분하고 만족해한다. 신씨의 이러한 흥분된 모습은 그의 오기로 똘똘 뭉친 모습을 보여주며, 자본의 논리 앞에 기존의 가치관과 신념이 무너지고 하락해가는 모습을 보여준다.

신씨는 부두 앞에서도 다른 부유한 자녀들의 트렁크는 7개나 된다는 말을 들었고, 유학을 떠나는 자녀들의 옷차림은 준식의 수수한 옷차림과 다르게 포마드로 빤지르르한 머리를 하고 모양이 유별난 새 구두들을 신고 있는 것을 보았다. 또한 최씨의 딸은 보라빛 드레스를 입었고 최씨 또한 신사의 이름에 합당한 화사한 옷차림에 금테안경을 하고 있다. 이러한 하나하나가 신씨와 다른 사람들을 비교하게 하면서 열등의식에 빠지게 한다. 따라서 부두로 힘겹게 들어간 사실에서 큰 흥분을 느끼는 것은 그 자신의 열등의식을 아이러니하게 그려낸 것이며 자본주의의 힘 앞에 가치관의 혼란을 느끼는 또 다른 남성상을 보여준 것이라 할 수 있다.

Ⅵ. 내면적 자아의식과 전복성

1) 감성적 자아와 전복성

「젊은 느티나무」[1]의 시작은 '그에게서는 언제나 비누냄새가 난다.' 라는 감각적인 문장으로 서두를 장식하면서 감성적인 면을 강하게 부각시킨다.

소설의 서두에서 감성적인 면을 부각시킨다는 것은 감성[2]적인 방식으로 소설의 구조를 이끌어가고 문제를 해결해 나갈 것을 예시한다.[3] 이러한 감성적인 방식은 초점화자가 주인공 숙희의 시선에 머물러 주인공의 심리적 변화

---

1) 강신재, 「젊은 느티나무」, 『젊은 느티나무』, 민음사, 1995.

2) 칸트는 감성(sensibility)이란 그것을 통해서 대상이 우리에게 주어지는 기능이라고 정의하였다. 그는 "인간이 지식을 얻는 데는 두 가지 통로가 있는데, 그것은 감성과 오성이다. 감성을 통해서 대상이 우리에게 주어지며, 오성을 통해서 그 대상들이 사고된다"라고 쓰고 있다. 이러한 배경에서 감성은 경험적 이해의 모델로서의 직관을 말한다. 그런데 다른 저술에서 칸트는 감성에 대한 더 넓은 개념을 인정하고 있다. 『도덕형이상학』 서론에서 그는 감성을 한편으로, 그것은 그것을 인지하는 수단으로서의 대상으로 언급될 수 있다. 여기에서의 감성은, 인식되는 표상을 수용하는 감각이다. 다른 한편으로는, 우리의 표상들에 있는 주관적 요소는 인식의 요인이 될 수 없을지도 모른다. 이 경우 표상을 수용하는 것을 감정이라 부른다. 경험적인 수용력은 감각경험과 감정(예를 들어, 혹은 고통 등의 주관적인 감정) 모두를 포함한다고 인정하면서도, 그는 감정을 지식의 구성 요소로 받아들이지 않는다. 칸트, ≪순수이성비판≫ 참조, 홍신 문화사, 1993.

3) 현길언, 『소설을 어떻게 읽을 것인가』, 나남출판, 1997. 77~78면.
　소설의 서두 첫 단락에 나타난 여러 상황들은 작품 전개에 중요한 의미를 지닌다. 작품의 서두는 사람의 얼굴처럼 작품의 중심 문제를 다양한 방법과 양식으로 드러낸다.

를 그대로 노출시켜 보여주면서 주관적 성향을 강하게 보여준다고 할 수 있다. 즉 이복 남매인 숙희와 현규의 부적절한 사랑의 관계는 소설을 이끌어가는 초점화자인 숙희의 의식의 변모를 따라 나가면서 윤리적인 판단 이전에 안타까움과 아련한 아름다움으로 채색되어[4] 감성을 더해준다. 또한 기존 사회의 질서와 억압된 규범들은 감각적인 문체와 함께 감각적인 문체기조 속에 함유된 이질적인 사랑의 방식으로 변주된다.

감성적인 면은 인간의 사고를 자극하면서 지배한다. 감성의 능력은 사랑을 행하는데 기본적인 전제조건이 된다.

'젊은 느티나무'는 이복 남매인 숙희와 현규의 금지된 사랑을 감성적으로 그려낸 소설이다. 이복 남매라는 금지된 사랑의 관계는 그 부적절한 관계 속에 이미 기존의 관계성을 파괴하고 새로운 질서에로 편입되고자 하는 잠재성을 지니고 있다.

금지된 사랑의 시작은 이러한 가족관계를 형성하는 데에 숙희는 어떠한 커다란 의지를 갖기 않았기 때문이다. 따라서 숙희는 오빠와의 부적절한 관계가 더 발전하지 않기를 바라면서도 집착하는 마음을 버리지 못한다.

우선, 감성적인 자아의 면모는 숙희가 동경하는 현규의 외모에서 그 특성을 규정할 수 있다.

> 현규는 V넥의 다갈색 스웨터를 입고 그보다 엷은 빛깔의 셔츠 깃을 내보인 그는, 짙은 눈썹과 미간 언저리에 약간 위압적인 느낌을 갖고 있었으나 큰 두 눈을 서늘해 보였고, 날카로움과 동시에 자신에서 오는 너그러움, 침착함 같은 것을 갖고 있는 듯해 보였다. 전체의 윤곽이 단정하면서도 억세고, 강렬한 성격의 사람일 것 같았다. 다만 턱과 목 언저리의 선이 부드럽고 델리킷하여 보였다.[5]

---

4) 송인화, 앞의 책, 229면.
5) 앞의 책, 16면.

현규는 모든 면에서 준수한 모습을 지니고 있다. 즉 외적으로, 내적으로 잘 조화를 이룬 균형 있는 인물이다. 식당에서 식사를 할 때도 예절바르게 엄마의 상대를 하며 숙희와의 미묘한 관계를 의식해 밝게 농담을 하는 유연한 태도를 보여준다. 하지만 숙회에 대한 사랑하는 감정을 드러내는 것이 쉽지 않기 때문에 혼자 있을 때 더욱 가라앉은 눈초리로 자신의 내면을 응시하고 현재의 상황을 가늠하는 태도를 보여준다. 이러한 현규의 모습은 겉만을 중시하는 형식적인 모습이 아니라 내면적인 모습을 두루 갖춘 균형적인 모습이기에 새로운 질서를 가진 상징적 의미를 지니게 된다.

> 그에게서는 언제나 비누냄새가 난다.
> 아니, 그렇지는 않다. 언제나라고는 할 수 없다.
> 그가 학교에서 돌아와 욕실로 뛰어가서 물을 뒤집어쓰고 나오는 때면 비누냄새가 난다. 나는 책상 앞에 돌아앉아서 꼼짝도 하지 않고 있더라도 그가 가까이 오는 것을 ― 그의 표정이나 기분까지라도 넉넉히 미리 알아차릴 수 있다.(중략)

> '그런 때에 그에게서 비누냄새가 난다. 그리고 나는 나에게 가장 슬프고 괴로운 시간이 다가온 것을 깨닫는다. 엷은 비누의 향료와 함께 가슴 속으로 저릿한 것이 퍼져나간다……(중략) 나는 나의 슬픔과 괴롬과 있는 대로의 지혜를 일점에 응집시켜 이 순간 그의 눈 속을 응시하지 않을 수 없다. 나는 알고 싶은 것이다. 그의 눈 속에 과연 내가 무엇으로 비치는가?'(중략) 그러나 매일 되풀이하며 애를 쓰지만 나는 역시 알 수가 없다. 그의 눈의 의미를 헤아릴 수가 없다. 그래서 나의 괴롬과 슬픔은 좀더 무거운 것으로 변하면서 가슴 속으로 가라앉아 버리는 것이다.[6]

숙희는 현규를 사랑하게 되면서 큰 혼란을 겪게 되고 분열되는 자아를 경험하게 된다. 하지만 현규를 사랑하는 데에 죄의식은 없다. 그러나 가족을 생

---

6) 앞의 책, 7~8면.

각할 때 그것은 모두의 파멸을 의미하기에 이도저도 하지 못하는 억압된 상황에 노출되어 있다. 숙희가 이러한 상황에서 벗어날 수 있는 방법은 없다. 가족관계를 깨뜨려서 사랑을 성취하던가, 사랑을 포기하는 방법밖에 없다.

숙희가 사랑하는 현규의 모습은 내적, 외적으로 균형을 이룬 조화로운 모습으로 감성적인 면모를 보여준다. 숙희는 비누냄새라는 감각적 이미지로 현규를 기억한다. 이것은 숙희적 내면적 자아가 감성적이기 때문에 가능하다. 숙희의 감상적 면모는 현규를 바라보는 모습에서 잘 나타난다. 숙희는 현규를 대상으로 심리적 갈등을 겪는다. 가족구성원이 된 오빠를 사랑하는 것은 금기된 일이기 때문이다. 그러나 금기시된 율법이라 할지라도 숙희가 끊임없이 고통을 당하며 현규를 소망하는 것은 그녀의 내면적 심리가 이러한 율법에 동의하지 못하기 때문이다. 호적상, 형식적으로는 가족관계가 되었지만, 혈연적으로 직접적인 연관성을 갖지 않았기에 숙희의 사랑이 이루어지는 것에 법적인 가족관계 말고는 어떠한 방해물이 작용하지 않는다. 그러나 숙희의 내면의식은 이러한 법적인, 형식적인 체제에 순응하지 못한다. 계속적으로 현규가 자신을 어떻게 바라보는 가에 초점을 맞추고 그것에만 집착을 하는 모습을 보여준다. 현규에 대한 숙희의 마음이 결정되었다면 현규의 마음 같은 것 중요치 않다. 그러나 이미 숙희는 형식적인 가족관계 보단 현규의 마음에 더 집착함으로써 가족관계를 깨뜨릴 수도 있다는 점을 예시해준다.

숙희가 감성적인 마음을 지닐 수 있는 것은 숙희에게 다가오는 현규와의 시간이 숙희 자신에겐 달콤하면서도 슬프고 괴로운 시간으로 다가오기 때문이다. 사랑은 달콤하면서도 고통스럽게 하는 속성을 지니고 있다. 숙희는 현규를 사랑하면서 현실의식과 내면의식에서 커다란 갈등을 겪는다. 이러한 갈등은 달콤하면서도 슬프고 괴로운 시간으로 다가오면서 갈등의 폭은 점점 깊어진다. 이제 숙희는 현규를 볼 때마다 슬픔과 괴로움, 그리움을 느낀다. 현규가 다가올 때마다 엷은 비누의 향료와 함께 가슴 속으로 저릿한 것이 퍼져나 감을 깨닫는 것처럼 현규는 숙희가 느낄 수 있는 모든 감정의 원천이 되고, 또 한 모든 사고와 감각이 현규에게 집중되어 있다는 것을 보여준다.

이렇게 현실 세계에서는 용납되지 않는 사랑의 대상에 대한 갈등과 고뇌는 숙희를 더욱 감성적인 모습으로 변화시키지만 숙희는 자신의 사랑을 비관적 으로 생각한다. 그러나 숙희는 자신이 현실과 내면적 자아에서 갈등을 겪는 것처럼 현규 또한 자신을 사랑하고 있다는 사실을 깨닫게 되면서 사랑의 감 정은 증폭된다. 현규 친구인 지수가 숙희에게 러브 레터를 보낸 것을 알게 되 어 현규가 숙희의 뺨을 때리면서 둘의 감정이 확인되었기 때문이다. 숙희와 현규는 어두운 숲 속을 손을 잡고 산보하다가 그에게 안기게 된다. 또한 미국 에 있는 아버지가 엄마에게 미국에 오라는 편지를 보내와 일년 여 간을 미국 에 가야 되는 상황이 되면서 숙희는 더 이상 자신의 감정을 감당할 자신을 갖 지 못한다. 숙희의 감성적 면모는 현실 속에서 더 나아갈 곳이 없기 때문에 시 골집으로 도피한다.

숙희와 현규의 사랑이 현실적으로 이루어지기 위해서는 현실에서 멀리 벗어 나 있어야 한다. 이에 현규는 지금은 떨어져 있더라도 방법이 아주 없는 것은 아니라며, 외국에서 다시 만날 수도 있을 거라는 구체적인 방법을 제시한다.

숙희와 현규의 사랑은 현실과 정면에서 부딪치는 방식이 아니라 현실과 멀 리 떨어져 있는 방식을 취한다. 이러한 방식은 숙희와 현규의 사랑이 현실 속 에서 인정될 수 없는 사랑이기 때문에 은밀하게 진행될 수밖에 없기 때문이 다. 또한 숙희와 현규가 서로의 감정을 확인하고 사랑을 이룰 수 있는 가능성 을 시사하는 것은 어떠한 현실의 원칙보다도 내면적 자아의 충만함이 그 무 엇보다 자아를 행복하게 해줄 수 있기 때문이다.

숙희의 자아가 감성적 자아가 형성될 수 있었던 것은 현실의 법과 이상의 법의 갈등 때문이라고 할 수 있다.

> 나는 여러 가지 감정이 뒤범벅이 된 혼란 상태에서 자기를 건져내야 한다
> 고 어두운 강물을 바라보며 늘 생각하는 것이었다. 마음 가는 대로 몸을 내
> 맡길 수 없는 것이 나의 입장이고, 또 그 마음 가는 일 자체에 대해서도 분
> 열된 생각을 수습할 수가 없었다. 현규를 사랑한다는 일 가운데에 죄의식
> 은 없다. 그런 것은 있을 수 없었다. 그러나 엄마와 무슈 리를 그런 의미에
> 서 배반하는 것은 곧 네 사람 전부의 파멸을 의미하는 것이었다. 파멸이라
> 는 말의 캄캄하고 무서운 음향 앞에 나는 떨었다.[7]

숙희의 의식세계는 부의 부재를 경험한 이상적 자아에 머물러있다. 따라서 현실세계에서 무언가를 느끼고 어떠한 결정을 내리는 것에 머뭇거리는 모습을 보여준다. 숙희가 느끼는 현실적 상징인 아버지는 숙희가 어렸을 때부터 부재한 상태이다. 아버지의 부재는 숙희의 자아로 하여금 상징계로의 진입을 이루어내지 못하고 자아의식을 상상적 자아에 머물게 한다. 숙희의 엄마와 아버지는 숙희가 어릴 때부터 별거를 했고 아버지가 죽으면서 사별했다. 무슈 리가 피난지에서 할아버지의 과수원을 찾아와 엄마를 데려감으로써 가족관계가 형성되었다. 무슈리의 존재는 형식적으로 맺어진 아버지이지만, 무슈리는 숙희에게 어떠한 영향력도 행사하지 않는다. 또한 숙희와 무슈리는 가족이 된 후에도 정서적으로도 조금도 가까워지지 않은 상태이다. 새 아버지는 이미 미국에 가있는 상태로 부재상태로 아버지의 부재에 이어 또 다른 질서의 부재의 상태를 암시한다.[8] 따라서 숙희는 아버지의 부재를 경험한 상태에서 새로운 질서에로 편입되기를 원한다. 그것은 현규와의 사랑의 관계를 통해서 성

---

7) 앞의 책, 21면.

8) 아버지의 부재는 사회질서의 부재, 아버지의 부재, 남편의 부재 등으로 해석할 수 있다. 강신재의 소설에서 부친의 부재와 남편의 부재는 자주 등장하는 모티브이다. — <해방촌 가는 길: 부의 부재>, <황량한 날의 동화: 남편의 무능, 부재>

취될 수 있는 것이다. 그러나 현규와의 사랑은 역설적으로 기존의 규범으로 대변되는 질서, 또는 아버지의 존재를 깨뜨리고 파행적인 모습으로 치닫는 결과가 된다. 하지만 이미 아버지의 존재가 형식적인 관계로서 숙희의 자아의식에 어떠한 영향력도 행사하지 않는 이상 아버지로 대변되는 사회적 규범이나 금기는 더 이상 지켜질 수 없는 필연성을 지니게 된다.

이러한 둘의 관계는 부모들의 재혼에서 그 동기가 제공되었다고 할 수 있다. 혈연으로 형성된 가족관계가 아니라 재혼의 형식으로 이루어진 형식적 가족관계에서는 근친상간에 대한 억압 또한 피상적 역할밖에 할 수가 없기 때문이다. 또한 아버지의 새로운 상징일수 있는 현규가 숙희를 욕망하는 것은 숙희가 상징계의 단계를 거치지 않고 바로 상상적 자아에서 자신의 욕망을 충족시킬 수 있는 새로운 방법을 제시해준다. 현규와의 결합은 현실적 방해를 피해 상상적 자아의 상태에서 자아의 소망을 이루는 것을 뜻한다. 따라서 숙희와 현규의 사랑은 근친상간이라는 금기시되는 규범을 해체시킨다.

따라서 상상계에 속하는 숙희는 기존의 질서와 법을 받아들이지 않고 오히려 깨뜨리며 상상계로 수렴되어가는 과정을 보여준다. 따라서 숙희는 현규에 대한 사랑으로 기존의 사회질서를 무너뜨리고 현규로 상징되는 새로운 질서에 편입할 것을 선택할 수 있게 되는 것이다. 하지만 현규와의 사랑의 방식이 기존의 사회질서를 무너뜨리는 파괴적인 양식이 됨과 동시에 현규 또한 아버지의 상징인 남성의 의미를 지니고 있기에 새로운 상징계로 진입될 것을 소망하는 모습을 보여준다. 그러나 현규에 대한 사랑은 기존의 가부장적인 아버지의 모습이 아니라 감성적인 사랑의 모습을 지니고 있다는 점에서 차이가 있다. 숙희가 택한 사랑은 딱딱하고 규범적인 상징계적 질서가 아니라 현실적 세계를 감성적인 면모로 전복할 수 있는 날카로움과 너그러움을 동시에 갖춘 모습이다.

숙희의 관심이 현규에게만 향하는 것은 이미 부의 부재를 거듭 경험한 숙
희에게 현규는 자신의 자아의식을 거듭 확인하게 해줄 대상이 되기 때문이다.

2) 충동적 자아와 전복성

「祭壇」9)에는 순정이라는 충동적인 인물로 인해 화자 '나'가 남편을 잃고
고통을 당하는 이야기다. 피해자인 '나'는 순정의 이러한 면모를 처음부터 부
정적으로 바라보진 않는다. 그것은 화자가 순정을 좋아하게 된 이유가 되기
도 했기 때문이다. 따라서 화자는 순정이 지니고 있는 면모와 일상적인 사고
를 대립시키면서 자신이 선택할 길에 대한 의미를 모색한다.

화자는 본능에 충실해 화자에게 정신적 큰 충격과 피해를 준 순정이 현실
적으로 자신의 아이들을 굶기지 하고 잘 살아가는 것을 보면서 파렴치한 것
이 오히려 미덕이 될지도 모른다고 생각한다. 따라서 이 글은 자아에 충실한
이기적인 본능과 이것을 도덕적으로 판단하는 화자와의 대립이 서사의 과정
을 이끌어간다. 그러나 순정을 통해 드러나는 충동적인 모습은 현실과 대립
되며 현실적 가치관과 도덕성을 전복시키면서 도덕적인 판단을 마비시킨다.
화자는 순정의 충동적인 모습으로 고통을 당하면서 올바른 것이 아무것도 존
재하지 않는다고 생각한다. 작가는 순정의 충동적, 본능적인 태도에 초점을
맞추어 세계의 질서가 어떤 절대성을 갖지 않고 흔들리고 변해가는 것을 나
타낸다. 화자가 순정에게서 참담한 패배감을 느끼는 것은 곧 그녀가 믿고 따
르던 모든 질서와 세계가 자신을 지켜주지 못하기 때문이다. 이에 화자는 세
계를 이전과는 다르게 바라보면서 자신의 생활에서도 진정한 자아 찾기에 나

---

9) 강신재, 「祭壇」, 『戯畫』, 계명사. 1955년 작품.

서며 정체성을 회복한다.

> 파렴치 하다는 것은 하나의 미덕인지도 모르겠습니다. 적어도 그것은 용
> 기로 통한다는 의미에서 그러할 것이라는 생각을 합니다. 그 증거 인듯이
> 순정(純貞)이네 애들은 모두다 혈색이 좋고 숙성하며 산뜻한 채림새를 하
> 고 즐거운 듯이 자라나 가고 있습니다. 지금 세상에서 자식들을 굶주리지
> 않고 헐벗기지 않고 안락한 잠자리를 줄 수 있다는 일이 얼마나 힘이 들고
> 피땀을 짜내는 부담이라는 것을 알고 있는 사람만이 내가 여기에 하는 미
> 덕이란 말의 뜻을 이해할 것입니다. 그리고 무능력한 어버이의 눈물과 안
> 타까움도 함께 알아줄 것입니다.
> 　남자와 여자가 있어 형성되는 이 세상에서, 여성에게 요구되는 불가결한
> 그 무엇을 순정이는 아마 남달리 풍부하게 갖고 있는 것이 사실이겠지요.
> 정욕이나 성적매력내지는 예술적인 감각이니 하는 것 말입니다.[10]

순정의 외모와 성격은 특이하고 독특한 면모를 지녀 다른 사람과는 다른
생각과 방식으로 삶을 살고 있음을 알 수 있다. 순정은 다른 사람을 의식하거
나 생각하지 않는다. 따라서 그녀의 모습은 자기의 본능에 충실한 충동적, 본
능적인 면모를 강하게 나타낸다. 그러한 이러한 충동적인 자아상 뒤에는 자
신만의 세계와 감정에 몰입하여 자신에게 충실한 면모를 보여준다.

> 순정이는 한 마리의 동물이 살고 있다…….
> 　맨 처음 순정이를 보았을 적에 나는 선 듯 그런 느낌이든 것을 기억합니
> 다. 그는 별로 아름다울 것도 없는 얼굴이기는 하나 커단 입이나 역시 크고
> 좀 튀어 나온 두 눈이 무엇을 열심히 느끼려고 긴장되어 있는 듯한 특징 있
> 는 표정을 하고 있었읍니다. 노르찌큰하고 기름끼 없는 머리칼을 아무렇게
> 나 비죽비죽 비져 나오게 양쪽으로 갈라매고 색이 이상하게 진하여서 곧
> 눈에 뜨이는 무명양말을 신고 있었읍니다. 그는 그 양말을 언제나 좀 흘러
> 내리게 하고 있거나 흰 속치마가 스카 ― 트로 밖으로 나와 있거나 한 모양

---

10) 앞의 책, 55면.

으로 무더니도 수선스레 왔다 갔다 하기를 잘 하였으므로 이삼 백 명 되는 신입생들 속에서도 특별히 눈에 뜨이는 것이었습니다. 그는 서로가 무슨 과에 입학한 것인지도 아직 잘 모르는 맨 처음 날서부터 누구에게건 부침 살 좋게 말을 걸곤 하였습니다.

─ 가까이서 대하니까 순정이는 그야말로 이글이글 타는 정감(情感)속에 서 살고 있다고 느껴졌습니다. 그는 무엇에고 감동하지 않고는 일시도 백 여나지를 못하는 것 같았고 또 모든 사물이 격력히 그의 가슴을 뒤흔드는 것이었습니다. ─ 그런 중, 아름다운 연중행사의 하나인 여름밤의 연주회 날이 돌아왔습니다. ─ 그리고 안으로 들어가니까 저만큼 앞에 김현식과 순 정이가 비스듬히 벽에 등을 기대고 서서 듣고 있는 모양이 보였습니다.[11]

순정은 '나'를 찾아온 약혼자 김현식을 만나면서 그에 대해 호감을 느끼고 적극적으로 접근한다. 순정은 김현식을 만나기 위해 구실을 만들었고 김현식 과 가까워지면서는 '나'를 사이에 두지 않고 그의 하숙집을 찾아가 둘의 시간 을 보내기도 하였다. 순정이 친구인 '나'의 약혼자에게 서슴없이 다가가고 접 근하는 것은 윤리적으로 비판받아 마땅할 일이다. 그러나 '나'는 가슴앓이를 하면서도 그것을 도덕적, 긍정적으로 이겨내려 애쓰면 고통에서 벗어나고 싶 어 할 뿐이다.

아버지가 계신 할빈의 집을 눈앞에 그려보았습니다. 집은 교회당의 한 모 퉁이에 있었고, 아버지는 조금 떠러진 고아원에서 더 많이 살고 계셨습니 다. 나는 아버지를 도우며 생애를 보낼 일을 상상해 보았습니다. 그것은 그 리 보람 없는 일은 아니었습니다. 현식이와 순정이가 늘 말하는 「세상을 보 다 아름답게」 하는 노력임에도 틀림없었습니다. 그런 일은 마음에 평화를 가져오고 세상을 깨끗이 하는 일 일것같았습니다. 그렇게 생각하면 내 가 슴을 아프기를 그만두었습니다. 고아원에 있는 어린애들보다도 현식이가 더 많이 나를 필요로 하리라고는 생각 되지 않았습니다.[12]

---

11) 앞의 책, 58~68면.

12) 앞의 책, 70~71면.

순정의 비열한 모습에 화자가 대응하는 것은 고작 할빈에 있는 아버지 집에서 아이들을 돌보는 일이다. 이것은 화자가 이상적 방식으로 현실에서 벗어나고자 하는 모습으로, 가부장제하에서 여성들이 현실에서 불합리한 고통을 당하였을 때 취하게 되는 모습이라고 생각할 수 있다. 가부장적 분위기에서 여성들은 불합리한 고통을 당하여도 그것을 정면으로 바라보고 문제의식을 가지려 하기보다는 이상적인 여성상과 모습으로 현실의 문제들을 참고 견뎌내려는 수동적인 모습을 취하기 때문이다. 여기서 화자도 자신에게 다가오는 문제를 조금도 적극적으로 해결하려는 의지를 보여주지 않는다. 단지 둘의 관계가 어떻게 흘러가느냐에 따라 화자의 인생이 변모해가는 타자의지적인 생활과 사고방식을 보여줄 뿐이다. 이에 순정이 김현식이 폐가 좋지 않아 각혈을 하고 입원한 사실을 지켜보면서 김현식을 배반하고 약혼식을 올려버리자, 화자는 당연한 것처럼 김현식과 결혼을 하게 된다. 순정이 이렇게 쉽게 결혼을 한 것은 결혼을 하면 봉사대로 동원되지 않아도 되기 때문이다. 이처럼 순정이 김현식을 배반하고 결혼을 하는 것은 남의 이목이나 비평에 무신경하리만큼 굳센 성격도 작용하고, 무엇보다 자기 스스로를 괴롭히는 일에 대해서는 조금도 참으려 하지 않는 이기적인 성격을 지니고 있기 때문에 가능한 것이다.

이와 반대로 화자는 아버지들끼리 죽마고우인 관계로 할빈에 돌아가면 아동성경 학교 같은 데서 자주 만난 적인 있는 잘 아는 사이인 김현식과 결혼하는 것을 별다른 감정의 동요를 갖지 않고 당연한 수순처럼 받아들인다.

그러나 해방이 되면서 순정의 가정이 서울에 와서 살게 되면서 다시 악연이 시작된다. 순정과 김현식은 결국 어디론가 도주를 해버렸고 순정의 남편 H가 찾아오면서 이 사실을 알려준다. 순정은 이 사실을 무슨 운명적인 사건으로 받아들인다. 믿을 수 없는 일 같기도 하면서 당연히 정해진 일처럼 생각한다. ‘나’는 그들의 연애는 숙명적인 것이어서 이 이상 허위에 찬 생활을 계속할 수는 없기 때문이라고까지 생각하면서 자신과 남편의 관계가 아무것도 아닌 것을 인정하고 비관한다. 이 때 ‘나’가 취한 태도는 이전의 이상적 세계의식으로 고통을 이겨낼 수가 없었다. 이미 현실은 이상적 세계의식으로 미화될 수 없을 만큼 비참한 상태였고, 가난한 환경은 어딘가로 떠나가는 것을 허락하지 않았기 때문이다. ‘나’는 고통을 있는 그대로 받아들이는 것 말고는 아무것도 할 수 없을 만큼 무능력하고 무기력한 상태일수밖에 없다. 이 때 김현식이 각혈을 다시 하는 것을 본 순정이 변심하여 집으로 먼저 들어가 버리고 김현식이 집에 돌아오면서 ‘나’의 생활은 다시 시작된다. ‘나’는 남편을 간호하면서 ‘손이 부들부들 떨리도록 피가 머리로 오르는’ 분노를 느끼지만, 그를 ‘할빈에서 나오지 못한 그 집의 아들로 생각하고 두 집안에서의 위치를 뉘우쳐보면서’ 자신의 감정을 제지하려든다. 화자 ‘나’는 그의 배반에 분노하면서도 그에게 어떤한 감정의 표출도 하지 않는다. 오히려 집안끼리 아는 집의 아들로써 자신과 거리감을 두는 방식으로 자신의 고통에서 벗어나려 한다. 이에 남편은 ‘나’의 노고에 감사하고 감격하는 모습을 보이는데 ‘나’의 심정은 ‘허무함’을 뼈아프게 느끼는 것뿐임으로, 이미 남편과의 관계가 깨어지면서 자신의 내면을 정직하게 응시하는 변모된 모습을 보여준다.

그러나 이러한 수동적 생활방식은 하나의 염증처럼 곪은 상태이기 때문에 ‘나’는 또 다른 계기에서 자신의 현재상황과 생활모습을 완전하게 바꿔야 하는 필연성이 제공된다.

순정은 6·25 동란을 계기로 김현식과 다시 가깝게 지내게 된다. 현실세계에 민첩한 순정은 자신의 집을 여맹 사무소로 제공하였고 자신도 간부가 되며, 남편 또한 좌경의 사상을 가져 간부급 취급을 받으며 본거지인 대학을 드나들면서 다시 순정과 만나게 된 것이다. 그리고 마침내 맹열히 폭격이 있던

날 밤, 순정이 대문간을 요란하게 흔들며 애를 업은 채로 찾아와 '떠나야 한다
며, 이번에 헤어지면 다시는 못 만난다'면 같이 가기를 종용한다. 순정은 화자
인 '명덕'과 애들과 같이 가자고 하지만, '나'는 반복되는 이들의 관계를 더
이상 참지 못하고 남편에게 소리를 지르며 가버리라고 분노를 표출한다.

　결국 남편은 순정을 따라 피난길에 오르지만 연천에 못미쳐서 폭격을 맞아
죽고, 순정은 남편의 시체를 내버리고 되돌아서 서울로 오게 된다. '나'는 자
식인 '준'과 '현미'를 올바르게 키우기 위해 공부를 하는 것을 선택한다.

> 　나는 이들을 길러서 참다운 인간을 만들고 싶습니다. 나는 나를 줄 모르
> 고 노래할줄 모르나 남을 해치지 않고 살아야 한다고는 알고 있습니다. 그
> 까닭에 나는 그들을 고생 가운데 던져 내놓고 먼 길을 떠나려고 하는 것입
> 니다. 내가 돌아 올 때 까지 그들은 무사히 자라날 수 있겠읍니까? 만약에
> 사고가 있어 그들이 몸성히 기다리고 있지를 못한다면 나는 그때에는 어떻
> 게 해야 합니까? 나는 신이 있어 주어야 한다고 생각지 않을 수 없읍니다.
> 나는 억지를 쓰며 강제로라도 그것을 만듭니다. 이렇게 신을 만들고 있는
> 나를 나는 가엾다고 느껴서는 안 됩니다. 신은 반드시 있어야 합니다.[13]

　화자는 '준'과 '현미'를 참다운 인간으로 기르기 위해 먼 길을 떠나려 한다.
자신이 돌아올 때까지 아이들이 무사히 자라날 수 있을 지에 대한 확신도 없
으면서 화자는 자신의 길을 선택한다. 화자가 선택한 길은 결국 자아의 독립
적인 능력과 자기발견이 있을 때에 자신의 자녀도 올바르게 키워낼 수 있다
는 것을 보여준다. 현재의 자아의 모습은 현실세계에서 어떠한 역량도 발휘
할 수 없는 무능력한 존재로서, 이러한 모습은 아이들에게도 올바른 세계인
식을 심어주기에는 부족하다. 따라서 화자는 힘들고 고통스러운 일일지라도
자신의 자아발전의 길을 먼저 선택한다. 화자가 이 길을 선택한 이유는 어떠

---

13) 앞의 책, 86면.

한 상황에서건 자기발견만이 현실세계를 극복할 수 있는 유일한 방법이기 때문이다.

화자가 선택한 길은 간접적으로는 순정이 취한 삶의 태도와 그렇게 다르지 않다. 즉, 순정은 자신의 본능과 욕망에 충실했기 때문에 자신의 삶을 지킬 수 있었던 것이다. 그러나 화자가 순정의 모습을 부정적으로 바라보며, '준'과 '현미'를 참다운 인간으로 키우겠다고 강한 의지를 갖게 된 것은, 순정이 보여주는 태도가 진정한 자아의 회복하는 일과는 거리가 있기 때문이다. 화자는 다른 사람의 마음을 해치는 이기적인 모습을 부정적으로 바라본다. 자아에 충실한 것이 다른 사람의 고통스런 희생을 대가로 이루어지는 것은 진정한 의미를 가졌다고는 볼 수 없다. 그러나 화자가 선택한 길에는 '준'과 '현미'가 희생이 될지도 모르는 상황이다. 하지만 화자가 선택한 길은 목적과 방법에서 순정과 다른 것이다. 순정이 자신의 감정과 본능에 충실하게 다른 사람의 감정을 파괴시키고 관계를 파탄으로 이끌었다면, 화자가 선택한 길은 감정에 따른 것이 아닌 '준'과 '현미'를 올바르게 키워내기 위한 목적을 지니고 있는 것이다. 또한 이러한 선택이 보다 넓은 의미에서 '준'과 '현미'를 위한 길이라고 판단하기 때문에 자신의 발전을 시도하는 것이다.

순정으로 나타나는 충동적인 모습은 기존 세계의 가치 질서와 대치되는 성격을 지닌다. 따라서 순정이 그렇게 여러 번 외도를 하였음에도 다시 가정으로 돌아가 문제없이 살고 있는 것은 기존의 가족제도와 상치되는 모습이다. 그럼에도 순정이 가정을 꾸려나가고 화자의 가정을 쉽게 깨뜨리는 것은 기존 가족제도의 허구성을 증명하는 것이다.

또한 인간의 욕망이 사회적 가치질서와 크게 대립되는 것은 부정적으로는 순정이 지닌 이기적인 욕망에 발로한다. 그러나 순정의 욕망은 사회적 지배 가치인 남편과 가족제도의 허구성을 깨뜨리고 전복함으로써 그 실체를 깨닫게 한다. 따라서 화자가 후세인 '준'과 '현미'를 올바르게 키우는 것에 집착하고 의지하는 것은 새로운 진정한 가족관계의 의미를 소망하기 때문이다.

3) 이중적 윤리의식과 전복성

「해방촌 가는 길」[14]은 해방촌 생활을 하는 기애의 윤리의식과 기존의 윤리의식이 대립된다. 기애는 현실적, 환경적 요인으로 해방촌 생활을 선택하게 되지만, 기존의 윤리의식은 기애를 판단하고 소외시킨다. 기애는 그러한 윤리와 정면으로 부딪히며 벗어나려 하지만, 기존의 사회질서는 기애를 받아들이지 않는다. 이에 따라 기애는 자신이 선택한 길을 다시금 선택함으로써 사회적 지배가치로 작용하는 이중적인 윤리의식을 조롱하며 전복한다. 여기서 사회적 지배가치의 하나인 윤리성은 곧 그 자체가 지니고 있는 모순성을 드러내면서 전복되어야 하는 필연성을 제공한다.

기애는 미군장교 조오와 동거하며 해방촌에서 생활한다. 하지만 기애에게 조오와의 동거는 돈을 목적으로 한 단순한 성매매만을 의미하지 않는다. 기애는 조오를 사랑함으로써 해방촌 생활을 하는 여성 중에서도 특수한 성격을 갖는다. 이러한 모습은 조오가 미국으로 돌아간 뒤에도 괴로워하는 모습을 통해 나타난다.

> 기애는 몸가짐을 달리하였다. 조오의 접근을 용서하였다. 그리고 당연하
> 게도 그를 이용하였다. 기애는 아름다워지고 군인들은 그의 앞에 공손하였
> 다. 그런데 그러다가 보니 조오는 퍽이나도 순진한 청년이었다. 내일이 있
> 을 수 없는 것은 명백하였지만 이 금발에 바닷 빛 눈을 가진 젊은 외국인은
> 현재로 보아 기애 자기보다 훨씬 순수한 것이 사실이었다. 현재로 보아서

---

14) 강신재, 「해방촌 가는 길」, 『젊은 느티나무』, 민음사, 1995.

> 그랬다. 그리고 내일이라는 것을 진실한 의미로 누가 알 수 있을까? 조오보
> 다 자기가 불순하다는 생각은 기애의 마음에 들지 않았다. 먼 날의 자기의
> <거래>를 위하여 저울질한 애정을 내민다는 것이 기애는 차츰 싫어져왔
> 다. 기애는 무모한 짓을 하였다.[15]

기애가 동거를 하게 된 조오를 사랑하게 된 것은 조오가 지니고 있는 순수한 모습 때문이다. 기애와 조오의 관계에는 육체적 관계로 시작되었지만 기애는 조오에 대해 순수한 사랑의 감정을 느끼게 됨으로써 이별하였을 때 고통을 느끼게 된다. 조오가 미국으로 돌아감으로 인해 갖게 되는 이별의 고통은 기애가 아직 완전히 타락하지 않았음을 의미한다. 즉 성을 담보로 해서 이루어지는 동거지만 기애는 육체적 관계에서 마음까지 허락하게 되는 순수함을 지니고 있는 것이다.

조오 보다 자신이 불순하다는 생각을 하게 된 것은 애초에 조오를 이용해 자신의 이미지를 올려보자는 의도에서 시작되었기 때문이다. 가난한 환경에서 선택한 해방촌 생활은 기애가 지니고 있는 완고한 종래식의 사고방식은 통하지 않았다. 오히려 취직 이래 하루같이 입고 다니는 진곤색 수트를 보고 <제비> <미스 제비>라는 별명을 붙이며 조롱을 당한다. 이러한 과정에서 조오의 접근을 허락하고 이용하던 것이다.

외부의 시선이 기존의 사고방식을 바꾸는 것은 능동적으로 자신의 생활을 이끌어가는 것이 아니라, 타자의 욕망에 맞추어 타자의 욕망을 반영하며 자신의 생각과 생활을 바꾸고 사랑 하는 결과를 초래한다. 그러나 타자의 욕망이 반영된 사랑은 그 타자가 사라졌을 때 타인에 의한 상처와 분노를 경험할 수밖에 없게 된다.

기애는 성을 담보로 하는 동거생활에서 죄의식을 갖지 않는다. 오히려 기

---

15) 위의 책, 290~291면.

애가 고통스러워하는 것은 조오와의 관계가 깨진 후의 감정이다.

조오와의 사랑은 객관적으로 보았을 때는 타락한 사랑의 방식이었으나 기애자신에겐 진정한 사랑의 의미가 함유되어있다. 하지만 기애와 조오의 관계는 사랑을 전제로 한 정상적인 관계가 아니기 때문에 그 결과는 이미 예견되어 있다. 그러나 기애의 생활은 내적으로 보편적인 도덕원칙으로 판단될 수 없다. 그것은 기애가 조오를 순수하게 사랑했고 조오가 떠난 뒤 커다란 고통을 경험하기 때문이다. 그러나 일반적인 도덕원칙은 기애가 지니고 있는 해방촌 생활과 개별적인 고유한 사랑을 인정하지 않는다. 기애의 생활과 사랑은 가장 가까운 어머니 장씨와 근수에게서조차 거부되고 부정시 된다.

기애는 미군병사와 동거를 하며 가족의 생계와 빚을 해결하며 동생의 학비를 댄다. 그러나 기애를 바라보는 어머니 장씨와 근수는 결코 기애가 하는 일을 알려하지 않으며, 오히려 기애의 옷차림에 당황하며 남의 눈을 의식할 뿐이다.

> 기애가 돌아오던 날 개울에서 방망이질을 하다 마주 일어선 장씨의 얼굴에는 확실히 당황한 빛이 짙었었다. 딸의 돌연한 귀가가 놀랍기도 하였겠지만 기애를 일별한 그 찰나에 모성의 본능이 무엇인가를 직감한 탓인지도 알 수 없었다. 단정하지 못한 기애의 차림새에 남의 눈을 꺼리고만 싶은 장씨의 기분은 무의식중 그런 데에까지 걸쳐 있는 것이었다.(중략)
> 그러한 장씨에게서 기애는 뭔지 비굴한 것을 느끼지 않을 수 없었다. 그것은 묘하게 돌아가는 일이었다. 장씨 자신 돈은 반갑고 귀하면서 돈이 되는 그 물건에는 왠지 떳떳지 못한 것을 느낀 듯이, 딸에 대하여도 기특하고 고마운 반면에는 낙담이 되고 꺼려하는 무엇이 없지 않았다. 장씨의 이런 기분은 또 그냥 기애에게 반영되고 그러니까 장씨에게 느끼는 뭔지 비굴한 그 느낌은 곧 기애가 기애 스스로에게 느끼는 비굴감이기도 하였다. 그리고 장씨가 기애에게 더 근본적인 문제에 관한 의혹을 품고 있는 까닭에 시시각각 가슴 속에서 자문자답을 하고는 결국 <우리 아이가 그럴 리가 없지> 하고 일시나마 단정을 내림으로써 기분을 돌리곤 하는 것이니까, 기애로 보면 자기의 실태가 끊임없이 그리고 전면적으로 모욕당하고 있는 셈이었다.[16]

어머니 장씨는 기애가 하는 일에 대해 어느 정도 직감하고 있지만 기애의
문제를 문제시해서 드러내려 하지 않는다. 장씨는 기존의 가치로 기애를 판
단하고 부끄럽게 생각한다. 그러나 현실적으로 기애가 생계를 책임져야 하는
입장이기 때문에 기애에게 그 어떤 말도 제대로 꺼내지를 못한다. 오히려 기
애에게 치마저고리를 꺼내주며 얌전하게 꾸며 보이며 안심한 빛을 띠고, 기
애가 보내주는 돈을 기애가 시집갈 때 쓰려고 모은다는 말을 할 뿐이다. 장씨
는 이미 기애의 현재상황을 은폐시키며 현실의 원칙과 가치로 다시 채색시키
려 들뿐이다. 장씨는 어머니로써 기애의 마음을 이해하거나 꾸짖지 않음으로
써 자신의 가치세계만을 고집하려 든다. 장씨가 지니고 있는 윤리의식은 진
실성을 확보하지 못함으로써 허구성을 드러낸다. 이중적 윤리성은 장씨 외에
도 근수라는 청년과의 관계에서 다시 한번 조명된다. 근수는 기애의 아버지
와 친숙하던 부호의 아들로서 기애의 집이 몰락한 이후로도 여전히 허물없이
지내고 있는 사이이다.

근수는 사변 때 기애네 집 다락에 숨어 지내면서 기애에게 연정을 표시했
었다. 기애는 전쟁이 나기 전 자신에게 확실히 연정의 표시를 보인 근수가 제
대했다는 소식과 왼쪽 팔의 심줄을 다쳐 잘 못쓰게 됐다는 얘기를 들으며 놀
란다. 근수의 가족은 근수만을 남기고 전멸하였고, 피난, 근수의 입대, 환도,
기애의 대구행등 너무나 어지러운 변천 가운데서 서로의 얼굴조차 보지 못하
는 오랜 세월이 흘렀던 것이다. 그러나 전쟁전과 달리 남자의 육체를 알고 있
다고 생각하던 기애에게 근수는 어떤 강렬한 느낌을 준다. 이러한 느낌은 인
생의 진실과도 어떤 절대적인 관련이 있는 것인지 모른다고 생각하며, 근수
의 변하지 않는 사랑에서 진실을 기대한다. 그러므로 기애는 근수에게 정직
하게 자신의 모습을 보여주는 것에 갈등을 느끼지만 피하지 않으려한다. 자

---

16) 위의 책, 296~297면.

신의 현재의 모습을 은폐하고 미화시키는 것은 결코 진실할 수가 없기 때문이다. 자신의 모습을 정직하게 보여주고 그 모습이 받아들여졌을 때 진실성을 가질 수 있다. 그러나 장씨와 마찬가지로 근수 또한 기애의 현재 모습을 있는 그대로 받아들이지 못한다. 현실의 윤리는 기애가 자신의 모습을 은폐시키고 진실과 거리가 먼 허구적인 존재로 살아가기를 요구한다.

> 취직자리를 알아보려고 시내로 들어갔다 나온 기애는 손끝을 새빨갛게 매니큐어하고 화장도 옷차림도 눈에 띄게 하고 있었다. 근수의 앞이라서 그것에 신경이 쓰인다기보다도 초라한 판잣집 안에 그렇게 하고 앉아 있는 걸맞지 않음이 자기를 괴롭힌다고 기애는 생각했다. 근수의 눈을 감기고 옷을 갈아입을 수도 없지는 않았지만 그런 동작의 유희다움이 지금은 역겨웠다. 근수를 만나면 한번은 맛보아야 한다고 이미 각오하고 있던 스스러움이나 상심의 뒷그림자 같은 것이, 오늘 실지로 그를 대하고 보니까 의외에도 격심한 동요를 자기에게 가져왔다는 그 사실에 기애는 초조와 역정까지를 느끼고 있었다. [17)

> 그러나 방 안을 들여다본 그는 아무 말도 하지 못했다. 욱이의 책상 위에 버릇 사납게 걸터앉은 기애는 담배연기를 후욱 내뿜고 있음 것이었다. 담배를 끼고, 저리 본 턱을 괸 손가락 끝에 길고 빨간 손톱이 표독스러웠다. 근수는 말없이 돌아섰다. 외면을 한 기애의 두 뺨 위로 굵다란 눈물이 흐르고 있었으나 물론 근수에게 그것을 알 필요는 없었을 것이었다.[18)

기애는 근수에게 담배연기를 내뿜는 모습을 보이며 자신의 본모습을 가식 없이 보여준다. 근수에게 담배를 피우는 모습을 보임으로 근수의 진실을 다시 한번 시험한 것이다. 하지만 근수는 기애에 대한 사랑이 아니라 자살을 택함으로써 기애의 마지막 기대를 버린다. 근수 또한 장씨와 마찬가지로 기존의 가치 세계에서 벗어나있는 기애의 모습을 받아들이지 못한다. 따라서 기

---

17) 위의 책, 304면.
18) 위의 책, 308~309면.

애가 불우한 환경으로 인해 선택된 기애의 생활과 의식은 장씨와 근수에게서 거부되고 소외되어 버림으로써 기애 스스로에게도 모멸감을 줄 뿐이다. 기애는 자신의 생활을 장씨나 타자에게 열어 보임으로써 또 다른 변화와 가능성을 열어놓으려 한다. 진정한 윤리란 은폐가 아니라, 있는 그대로의 모습을 정직하게 바라봐주는 것에서 시작될 수 있기 때문이다. 그러나 기애가 자신의 처지를 보여주었던 장씨와 근수는 기애의 처지를 받아들이지 않는다. 또한 근수는 기애의 진실을 자살로써 부정한다. 이에 기애는 다른 변화와 가능성에 대한 기대와 희망을 져 버리고 다시 해방촌의 생활로 돌아감으로써, 기존 사회가 지니고 있는 가치질서를 조롱한다.

기애는 조오에 대하여서는 순수한 사랑으로, 근수에 대해서는 정직으로 자신이 받아들여질 것을 요구하지만 기애의 사랑은 받아들여지지 않았다. 따라서 기애가 선택할 수 있는 사랑은 타락한 사랑의 방식밖에 남아있지 않다. 버림받은 기애가 선택한 사랑은 진실한 사랑이 될 수 없다. 오히려 근수로 대변되는 진실한 사랑을 포기하고 타락한 사랑을 선택함으로써 기존의 통념적으로 존재하는 사랑의 관념과 기대를 조롱한다. 이로써 기애가 선택한 타락한 사랑은 기존의 사랑의 관념이 지니고 있는 사랑의 불완전성과 허점을 비난하고 비판한다.

기애는 미군병사와 동거를 하는 기지촌 생활을 하지만 그녀는 어머니 장씨와 옛 약혼자인 근수에게 자신의 모습을 정직하게 드러내려한다. 그러나 어머니 장씨와 옛 약혼자인 근수는 기애가 어쩔 수 없이 살아가는 기지촌 생활을 이해하지 않으려 하고 받아들이지 않으려 한다.

조오의 이별로 시작된 변질된 사랑과 이중적 윤리의식은 장씨의 이중적 태도와 근수의 죽음으로 반복된다. 따라서 윤리적 진실이 배반으로 돌아오면서 기애가 추구하는 사랑 또한 배반과 욕망의 사랑으로 변질되고 타락하게 된다.

하지만 이미 진실한 사랑에서 배반을 경험한 기애는 근수의 죽음으로 진실한 사랑에 대한 미련을 완전히 버리게 된다.

기애가 추구하는 사랑엔 진실한 사랑에 대한 갈망이 담겨있다. 이는 조오와의 관계가 깨졌을 때와 근수와의 관계가 완전히 깨어진 것에 대해 고통을 느끼는 모습에서 다시 한번 확인된다.

조오를 사랑한 기애는 자신이 지니고 있는 사랑의 감정이 파괴됨으로 인해 조오에 대해 분노하고 노여워한다. 이와 함께 젊은 무면허 의사에 의한 중절수술 등은 기애의 마음을 노여움으로 가득 차게 되면서 그녀의 사랑은 배반감으로 분노와 노여움을 경험한다.

근수의 죽음으로 왜곡된 진실과 배반을 경험한 기애는 다시 해방촌 생활로 돌아와 새로운 미국 장교인 뚱보 하리와 생활한다. 하지만 하리와의 관계는 이전 조오를 향한 순수한 사랑의 감정이 아니라 돈과 성만을 위한 육체적인 사랑 이상의 의미를 지니지 않게 된다. 그러나 기애가 선택한 길은 현실에 대한 가능성을 닫은 채 부정함으로써 현실의 지배가치를 오히려 조롱한다. 이제 기애는 현실의 지배가치로 판단 받는 수동적인 입장이 아니라 현실적 가치의 이중성과 허구를 비판한다.

기애가 다시 해방촌으로 들어가서 하리와 다시 동거생활을 하는 것은 장씨와 근수가 보여주는 이중적인 태도와 기존의 윤리의식에서 벗어나 있음을 의미한다. 기애가 해방촌 생활로 다시 돌아가는 것은 기애의 진실을 보려하지 않고 수용하려 들지 않는 그 시대의 가치를 부정하는 행동이다. 그러나 기애는 하리에게 부탁해 동생 욱이의 학비를 대주면서 욱이에게 자신처럼, 근수처럼, 어머니처럼 되지 말고 똑바로 자라나 달라고 함으로써, 자신과 세계가 지니고 있는 부정적인 모습을 인식한다.

VII. 사랑과 죽음의식

프로이트는 개인의 삶을 서로 대립하는 기본적 두 충동간의 끊임없는 갈등과 투쟁으로 파악한다. 하나는 삶의 본능 혹은 사랑의 본능인 에로스(Eros)와 죽음의 본능 혹은 파괴적인 공격의 본능인 타나토스(Thanatos)가 그것이다.

이러한 입장과 궤를 같이 하는 것으로 바따이유의 에로티즘(erotism)이 있다. 바따이유는 에로티즘을 "죽음까지 파고드는 삶"이라 정의하고 있다. 바따이유에게 있어 에로티즘은 우리가 보편적으로 생각하는 관능적인 것과는 성격을 달리한다. 인간은 본질적으로 불연속적인 존재이다. 존재와 존재 사이에는 뛰어넘을 수 없는 심연이 가로놓여 있으며, 거기에는 단절이 있다. 모든 인간은 혼자 태어나며, 혼자 죽을 수밖에 없다. 이처럼 인간을 불연속적인 존재 속으로 밀어 넣는 것은 다름 아닌 죽음이며 동시에 죽음은 연속성에의 유혹을 지니고 있다.

죽음은 우리를 어지럽게 하지만, 동시에 현혹적일 수도 있다. 불연속적 존재는 우리들에게 죽음은 존재를 이어주는 연속성의 의미를 갖는다고 말해두고자 한다. 왜냐하면 생식이 존재를 불연속성으로 이끈다면 죽음은 다시 존재들을 연속되게 하기 때문이다. 즉 생식과 죽음은 고리처럼 서로 연결되어 있다는 말이다. 생식과 죽음에 대해서 내가 이렇게 언급하는 이유

는 존재의 연속 또는 죽음은 동일한 것에서 다른 표현임을 밝히려는 것이
다. 존재의 연속 혹은 죽음은 공히 현혹적이다. 그런데 에로티즘을 지배하
는 것 역시 다름 아닌 그러한 현혹이다.[1]

이처럼 죽음은 인간을 불연속적인 존재로 규정하지만 동시에 연속성의 세
계로 유혹하는 힘을 가지고 있다. 죽음을 통한 연속성을 얻으려는 유혹이 바
로 에로티즘인 것이다. 이처럼 프로이트가 말한 죽음에의 본능과 바따이유의
연속성의 희구는 의미를 함께 하고 있다.

강신재 소설에는 본능적, 향락적인 사랑의식이 나타난다. 본능적, 향락적
사랑은 곧 죽음의식으로 나타난다. 그것은 작가가 추구하는 사랑은 본능적,
향락적 사랑과는 거리가 멀기 때문이다.

강신재 소설에 나타난 사랑의식은 부정적 세계인식에서 의미를 드러낸다.
소설에 드러난 사랑의식은 현재적 세계에 대한 반영이자 세계를 향한 작가의
관점과 해석이다. 또한 사랑의식은 작가가 추구하는 세계의식을 드러낸다.
그러나 강신재 소설에서 사랑의 주체가 되는 여성과 남성은 이념과 같은 현
실적 가치에서 차이를 보여준다. 사랑의 현상은 감정적인 차원을 넘어선 가
치의 문제로 나타난다. 두 주체의 사랑은 현실적 가치에 대한 해석이면서 동
시에 작가가 지향하는 의식세계를 나타낸다.

이러한 사랑의식 속에 함유된 죽음의식은 세계를 바라보는 작가의 부정적
인식을 그 기반으로 한다. 사랑에 대한 부정적 인식은 사랑의 대상이 되는 남
성에 대한 부정적 인식에서 출발하는데, 남성과 여성이 추구하는 세계의 모
습과 표상은 서로 이질적이고 대립되기 때문이다.

강신재 소설에 등장하는 남성의 모습은 크게 남성적인 매력과 반듯한 이목
구비를 지닌 남성과 현실에 무능력한 무기력한 남성으로 나뉘어 진다. 매력

---

1) Georges Bataille, 조한경(역), 『에로티즘』, 민음사, 1997, 9면.

적인 남성은 대부분의 소설에서 여주인공이 사랑하는 사랑의 대상이 된다. 대체로 이들은 기존의 가치관과 사회의식에 묶여있는 않는 자유스러움을 지니고 있다. 그러나 자유스러움 안에는 언제나 그들의 한계가 노정되어 있다. 이들은 여성들이 지향하는 새로운 질서세계를 표상하지만 그것을 만족시켜주지 못한다.

여성들이 추구하는 세계는 이상적인 휴머니즘적 세계이다. 그러나 대부분의 남성들은 휴머니즘이 아닌 이념에 충실한 인물들로 여성들이 추구하는 세계를 만족시켜주지 못한다. 여성들이 표상하는 이상적인 휴머니즘은 이념적 현실에 대한 비판이자 대안이 된다.

두 번째로 현실에서 무능력하고 무기력한 남성은 이념적 남성과는 달리 어떠한 신념도 지니지 못하고 있는 인물이다. 남성에게 이념과 신념이 부재했을 때 남성은 또 다른 이념을 찾지 못하고 무기력한 상태에 놓인다. 무기력한 남성은 여성이 현실을 부정시하는 인식의 계기를 마련한다. 여성이 추구하는 이상적 세계는 남성의 무기력한 모습으로 비애적 사랑의 모습을 띤다.

1) 향락적 사랑과 죽음의식

「饗宴의 記錄」[2]은 화자의 언니가 남성들을 상대로 벌이는 사랑의 편력과 그것을 바라보는 화자의 의식이 대립되는 구조를 갖는다.

언니는 육감적이고 정열적인 여성으로 열정적이고 충동적인 반면, 화자는 그러한 언니의 태도를 지켜보며 말없이 관찰할 뿐이다. 언니의 남성편력은 언니를 대상으로 자살소동을 벌여 약혼식을 치뤄 낸 김정수와 언니가 사랑하

---

2) 강신재, 「饗宴의 記錄」, 『戲畵』, 啓蒙社. 1955년 작품.

는 박관호, 언니를 데려가려 하던 공산군 대위로 이어진다. 이중 언니가 가장 열정적으로 사랑하는 사람은 박관호이다. 박관호는 '남성적인 외모와 대담하고 강한 의지와 투지'를 지닌 인물이기 때문이다. 언니는 약혼자 김정수를 따돌리고 박관호와 사랑의 행각을 보여준다.

> 그는 여하간 김정수를 능가 하고 집에를 드나들게 되었습니다. 그리고 언니 하고 산보를 하고 영화를 보고 가끔은 식사도 가족과 함께 하고 하였읍니다. 그러면서 언니는 여전히 약혼을 해소 하지는 않고 있는 것이었읍니다. 박관호의 선이 굵은 감정은 날을 거듭할수록 마구 활활 달아올라 가는 듯해 보였읍니다. ― 나는 그날 감기가 들어서 아침부터 집에 백여 있었읍니다. 그보다도 나는 한참 전에 밖에서 함께 돌아오더니 그대로 정원 안 찔레 덤불 사이로 숨어 버린 언니와 박관호의 일이 궁금하다면 하였던 것입니다. ― 언니의 페일불루우의 원피 ― 스와 언제나 같은 박관호의 곤색 샤쓰의 모습은 가시덤불 그늘에서 좀체 되돌아 나오지 않았읍니다. 두어 시간 가까히나 책을 읽고 나서 일어나 안방으로 건너가 보니까 뜻밖에도 김정수가 와서 앉아 있었읍니다.[3]

언니는 약혼자 김정수을 두고 박관호와 자유롭게 연애하고 사랑한다. 언니는 김정수는 아랑곳하지 않고 자신의 감정에만 충실할 뿐이다. 언니는 어떤 환경에서도 자신의 감정에 충실하다. 사변 중에 집에서 벌이는 애정행위는 육체적 향연과 탐닉적인 성향을 보여준다.

> 그것은 어쩌다가 언니의 방문이나 또는 평소에 쓰지도 않던 빈방 문이라도 불의하게 열고 들어 가려다가는 언니와 박관호가 연출하는 열렬한 장면에 그만 낯을 붉혀야 했었기 때문입니다. 공포와 초려와 절망감은 연정에 더욱 기름을 퍼붓는 것인지 그들은 최후의 선까지도 수하게 넘어버린 모양이었읍니다.[4]

---

3) 위의 책, 107~108면.
4) 위의 책, 112면.

언니는 식구들이 함께 살고 있는 집에서 박관호와 애정행각을 벌인다. 현실이 어떻게 펼쳐질지 알 수 없는 상태에서 사랑은 더욱 충동적, 육체적으로 변질될 수 있다. 또한 현실은 어떤 상황도 통제하지 못하는 상황이기 때문에 더욱 충동적으로 변모될 수 있는 요소를 지니고 있다.

그러나 박관호에 대한 언니의 사랑은 육체적 사랑 그 이상을 넘어서지 못한다. 언니는 숨어있는 박에게 도시락을 가져다주면서도 같은 정원을 쓰고 있는 젊은 공산군 대위에게 관심을 보인다.

언니는 박관호가 피난을 하는 동안 얼굴이 말라 굴비같이 변해 밉다며 싫증을 낸다. 그리고는 마당을 가로질러 야영하고 있는 젊은 괴뢰군 장교를 의식하며 '짙은 로 ─ 즈빛의 꽃무니가 있는 구레이프 데신의 완피 ─ 스'와 머리를 어깨에서 물결치게 하고 정원구석에 일부러 샘터까지 가서 물을 길러간다. 언니가 그에게 관심을 보이는 것은 그의 외모가 멀쑥하게 생겼고 키도 큰 인물로 언니의 감정을 자극하기에 적당한 외모를 지니고 있기 때문이다. 급기야 언니의 애정편력은 공산군 대위에게 위협을 받으면서도 오히려 교태를 부리는 모습으로 반복된다.

> 「어떻게 내가 거길 가요? 어떻게……」
> 보통 때 보다다 더욱 느릿느릿, 땅우에 떨구듯 구울리듯 하는 그 목소리에는 아무런 공포도 섞이어 있지 않을뿐더러 오히려 고무뿔 같은 탄력과 교태 비슷한 음향조차 섞기어 있길 않겠읍니까. 언니는 절대 절명의 궁지에서 목숨을 구하기 위하여 본능적으로 그런 교태를 부린 것일까요. 내가 놀라고 있는 사이에 그 사나이는 언니의 억개를 왁살스럽게 끌어 안었읍니다. 그러니까 흘깃 언니의 흰 이가 보였읍니다. 그는 안기면서 눈을 감고 웃고 있는 것이었읍니다.[5]

---

5) 위의 책, 117면.

언니의 애정편력은 매력적인 외모와 육체를 지닌 남성에게서 반복된다. 어떠한 이념적 전제도 깔려있지 않은 상태에서 언니가 보여줄 수 있는 사랑은 육체적인 향락적인 사랑 그 이상일 수밖에 없다. 여기에선 남성들 또한 강한 이념이나 신념을 보여주지 않는다. 따라서 언니는 남성과 사랑을 나누는 데에 어떤 한계도 지니고 있지 않다. 향락적인 사랑은 이념적, 도덕적 판단을 유보한다. 다만 본능적 사랑에 충실할 따름이다. 언니가 보여주는 향락적, 본능적인 사랑은 언니의 죽음을 예고한다.

죽음의식은 처음부터 언니의 향락적 자아의식과 우연적 사건에서 예고된다. 언니는 김정수와 약혼을 앞두고 10분전에 나타난다. 언니의 생활 태도는 성실함과 거리가 멀다.

> 학생이면서 책가방 하나 갖고 있지 않는 언니의 책상위에는 노ー트가 두어권 변명처럼 놓였을 뿐 그 밖에는 잔잔한 화장품들이 외국여배우의 화장실 마냥 수두룩히 흐트러저 있읍니다. 요즘음과도 달라 외국화장품이 그리 흔하지도 않던 그때이라 그 것은 꽤 사람의 눈을 끄는 것이었읍니다만, 언니는 그렇다고 부지런히 화장을 하는 것도 아니었읍니다. 대개는 나보다도 수월하게 크림이나 바르고는 치우곤 합니다. 모순이라면 언니의 피아노 공부도 그렇다고 할 수 있어 도무지 근면히 하지는 않는데 그래도 우수한 학생이라고 교수들은 말합니다. 어느 정도 재주는 있었던 모양이지요.[6]

언니가 지니고 있는 아름다움과 재주는 후천적인 노력이 아닌 선천적인 것으로 타고난 것이다. 또한 언니의 생활태도는 성실함이 아니라 즉흥적이고 감정적인 경향을 보여준다. 이러한 특성은 언니의 향락적인 성향을 잘 나타내준다. 언니는 자신의 본성에 충실함으로써 자신이 지켜야 할 정체성이나 방어해야 할 자아상을 지니고 있지 않다. 진정한 향유의 논리는 정체성의 논

---

6) 위의 책, 92~93

리, 자아의 논리에 대립한다. 향유는 현재적인 것이고, 욕망은 미래적인 것이다. 향유는 지금 어떤 상태를 누리는 것이다.[7] 언니가 보여주는 사랑의 방식은 즉흥적인 향유의 형식을 띤다. 언니의 사랑의 방식에선 어떤 정체성의 논리와 자아의 논리를 갖지 않는다. 언니가 정체성과 자아상을 갖지 못하는 것은 지배사회의 가치 형태에서 여성의 위치가 수동적, 노예적 위치에 놓여있기 때문이다. 따라서 언니의 남성편력은 지배사회의 가치에 대한 조롱이자 진정한 자아상을 갖지 못한 약자의 무의식적 편력이라 할 수 있다.

언니는 약혼식을 앞두고 우연히 예전에 해변가에서 알게 된 박관호를 만난다. 그리고 박관호를 만난 흥분을 감추지 못하고 김정수와 건성으로 약혼식을 치른다.

> 일체의 번거로움이 사양 없이 말한다면 일체의 「우열한 번거로움」이 소위 「정열」이란 것의 소산인줄은 나도 미리 알고 있었읍니다 만, 그 「정열」이 한몫씩 끼어들어서 적은 구물을 던져주곤 하는 것이라고는 나는 그때 비로소 깨달았습니다.[8]

---

7) 향유란 그야말로 실질적인 누림을 뜻한다. 라깡은 언제나 금지된 향유를 중심으로 사고하기 때문에 향유를 쾌락원리에 대립되는 것으로 제시하곤 하지만, 결코 그렇지 않다. ― 관능적 측면에만 국한해서 말해본다면, 성적 사랑에서 육체적 교류는 아이와 어머니 사이의 교류에서와는 달리 단지 에로틱한 상태에만 만족하지 않고서 성적 결합을 끝까지 추구할 수 있는 것이다. ― 라깡은 모든 향유가 남근적 향유, 잉여향유, 여성적 향유, 노예적 향유로 나누어 생각한다. 사실상 모든 남근적 향유는 정체성의 향유이다. 상징적 질서에 의해 승인 받는 정체성을 유지하려는 것 자체가 바로 남근적 향유이다. 상징적 질서 내에서의 그러한 정체성을 누리는 것이 자신의 남근적 성격을 보장해주는 것으로 간주되기 때문이다. 이러한 남근적 향유는 명백히 욕망의 대상이다. 하지만 그러한 욕망과는 전혀 무관한 노예적 향유도 존재한다. 잃어버릴 아무런 정체성이나 자아상도 없는 자가 부여받는 존재의 누림 자체가 바로 노예적 향유이다. 그러나 노예적 향유는 욕망의 대상이 되지 못한다. 노예적 향유는 오히려 모든 욕망을 버리고 자신에게 주어진 모든 것 하나하나를 있는 그대로 즐길 때 가능해지는 것이다. ― 결국 노예적 향유를 통해 알 수 있는 것은 욕망이 향유를 보장하지 않는다는 것이다. 향유는 현재적인 것이고, 욕망은 미래적인 것이다. 향유는 지금 어떤 상태를 누리는 것이지만, 욕망은 무엇을 달성하려고 하는 것이다. 이종영, 『사랑에서 악으로』, 새물결, 2004, 124~126면.

8) 위의 책, 99~100면.

우연히 박관호를 만난 것은 언니의 생활 전부를 바꿔놓는다. 언니의 향락적인 사랑은 피난길을 떠나다가 다시 돌아온 집에서 박관호와 벌이는 애정행각에서 드러난다. 폭격을 당하는 공포와 절망의 상황에서 언니와 박관호의 사랑은 절정을 이루면서 죽음과 동반한 사랑의식을 보여준다. 향락적 성향을 지닌 언니는 박관호를 정열적으로 사랑하지만 곧 싫증을 낸다. 마지막으로 언니는 공산군 대위에게 잡혀갔다가 혼자 남게 되자 목숨을 우연과 운에 맡기는 모습을 보여준다. 언니는 꽃잎을 하나씩 따면서, 남으로 갈 것인지 북으로 갈 것인지 결정하려 든다. 언니는 생사가 걸려있는 판단을 우연과 운에 맡긴다. 어떤 정체성도 자아의식도 보여주지 않는 우연적, 향락적인 모습들은 결국 언니의 죽음을 예고한다. 화자는 언니가 철원부근에서 김정수에 의해 죽은 것으로 추측한다.

언니가 보여주는 향락적 사랑은 관점에 따라서 본능에 충실한 사랑으로써 진정한 자아의 회복을 꿈꾸는 모습으로 비쳐 질 수 있다. 그러나 본능적 탐닉에 충실한 것이 자아를 회복시킬 순 없다.

언니의 사랑이 의미있는 사랑의식과 자아상을 확보하지 못하고 실패한 것은 진정한 가치가 부재하는 현실 때문이다. 언니가 성적, 향락적 사랑의 태도를 보여주는 것은 기존의 가치질서가 무너진 현실세계에서 새로운 가치를 찾아나가는 노정에 드러난 사랑의 방식이다.

따라서 화자는 언니의 향락적 사랑을 보고하고 비판함으로써 사랑의 진정한 가치를 모색한다. 진정한 가치에의 모색은 언니가 보여준 삶의 방식을 '한 남성이 자기의 일을 어떻게 생각하고 있나, 하는 단 한 가지 바탕 위에다가 인생의 온갖 현상을 가치(價値)지어 가야 하는, 위태롭기 짝이 없는, 또 의미도 없는 삶의 방식'(97면)이라고 생각하며 그러한 사랑의 방식을 지양하려는 모습에서 잘 드러난다. 언니가 보여주는 삶의 방식과 향락적 사랑은 연소적인 것으로써 자아회복과 삶의 의미에 어떤 의미도 주지 못한다. 화자는 언니가 보여주는, 어떤 의식도 경계도 없는 사랑의 방식을 부정하고 새로운 가치질서를 추구하는 방법으로 먼저 자아와 정체성 회복에 초점을 맞추며 새로운 가치질서와 사랑을 추구한다.

2) 이념을 초월한 휴머니즘 사랑의식

　강신재 소설에서 여성의 사랑을 받는 남성들은 유형화되어있다. 즉 전쟁을 배경으로 우익활동을 하는 이념적 인물들로, 신념과 사랑 중에서 신념을 지향하는 모습을 보여준다.

　이러한 이념적 신념을 지닌 남성들은 비교적 기존의 가치관과 질서에 물들지 않고 자유로운 의식을 보여준다. 그러나 남성이 지향하는 세계와 여성적 주인공들이 지향하는 세계의식은 각각 다르게 나타난다. 이에 따라 여성의 행동은 남성이 보여주는 모습과 다른 형태를 보여준다. 즉 남성은 이념적 가치에 종속되어있는 이상 그것을 성취할 수 없을 때에 억압되어 이념적 가치를 위해 죽음을 불사한다. 반면 여성은 확고한 이념적 가치를 추구하기 보다는 진정한 의미에서 휴머니즘적 사랑의 방식에 경도되어 이념의 한계를 넘나든다. 그러나 여성이 추구하는 휴머니즘적 세계의식은, 여성 또한 남성과 마찬가지로 이념적 가치에서 완전하게 자유롭지 못하기 때문에 그 한계를 지닌다.

　「임진강의 민들레」[9]는 이념의 소용돌이에 휘말린 전쟁 속에서 이화와 지운의 사랑과 옥엽과 공산군 대위와의 관계가 주요 플롯으로 작용한다.

---

9) 강신재, 「임진강의 민들레」, 『젊은 느티나무』, 민음사, 1996.

지운은 우익학생 단체의 학생연맹의 간부로 서울대 정치학과를 다니는 이념적 성향이 강하게 나타난다.

> 지운은 어느 정도 이상주의자여서,
> 「인류를 위해서 ― 좁게 말한다면 우리의 이웃을 위해서 조금이라도 도움이 되지 않는 삶은 의미가 없어요」
> 가끔 그런 소리를 했다.
> 「난 사람이 날 때부터 착하다는 성선설(性善說)을 온전히 믿지는 않지만 실제로는 결국 그런 계산이 되고 말아요. 누구든지 역사나 사회에서 완전히 놓여날 수는 없는 거니까요, 행복을 느끼기 위해서는 선할 필요가 있도록 오랫동안 훈련이 되어 있어요. 선하게 행복하기 위해서 우리 함께 향상해 나갑시다.」 ―「단 하나밖에 없는 생명을 프롤레타리아 독재의 정치체제 형성의 제물로 올리는 게 옳은 일입니까? 지금 실제로 존재하지도 않는 계급간의 투쟁이나, 또 실제로 그렇지도 않은 착취자로서의 국가의 박멸을 위해서……」 초조해진 듯이 이마를 찌푸리며 그는 찌껄여댔다.[10]

지운은 이상주의자로 현실의 상황을 이념적으로 해석하고 이념적으로 풀어가려 한다. 지운이 현실에서 이상을 실현하는데 선택한 방법은 이념적 확신을 갖고 행동하는 것이다. 따라서 그러한 의식에 대립되거나 억압하는 상황을 지운은 참아내지 못한다. 이념적 삶의 방식과 태도는 지운이 취할 수 있는 절대적인 가치가 되기 때문이다.

학생연맹의 간부로 정치에 관심이 있는 지운으로서는 사회적인 정세가 그 무엇보다 자아의 정체성을 찾는데 중요한 부분이었다. 따라서 이화가 숙자의 권유로 좌익모임에 한두 번 간 것을 얘기하자 지운은 거의 폭군적인 태도를 보이며 화를 낸다. 이화는 '지운이 소련을 싫어하며 그것이 싫고, 붉은 기를 증오하면 이화도 거기에 맞추려 들지만' 지운의 이념적 노선은 확실하게 그

---

10) 위의 책, 42~45면.

어져 있다.

또한 지운은 이화를 무척 사랑하는 만큼 사랑의 감정을 자유롭게 표현한다. 이들의 사랑의 관계는 전쟁이 나기 전보다 더욱 깊어지지만 지운은 병원에 몰래 숨어 지내면서 점점 다른 젊은이들처럼 싸우고 싶다는 욕망을 참아내지 못한다. 지운은 이념적 인물이기 때문에 신변의 안전을 위해 숨어 지내는 것에 오히려 억압을 느낀다. 지운이 억압을 경험하는 것은 전쟁에 대한 공포나 두려움이 아니다. 그것은 이념을 위해 싸우지 못하는 자신에 대한 공포이고 두려움이다. 따라서 지운은 죽더라도 나가서 싸우고 죽어 싶다는 생각만을 하며 분노, 증오, 오뇌와 초조감으로 고통스러워하고 극도의 우울감을 표출한다. 지운의 이런 태도는 점점 광적인 상태로 변해가며 자신을 위해 도시락을 싸온 이화를 강제적으로 겁탈하려는 모습을 보여준다.

> 이화는 뒷걸음질을 쳤다. 이화의 두 눈은 어지럽게 그의 얼굴을 더듬고 있었다. 분노 혹은 증오. 지운의 얼굴에서 발견되는 것은 그렇게 이름 붙일 수 있는 것뿐이었다.
> 왜? 왜?
> 왜 지운은 이래야 하는가.
> 그의 캄캄한 이마에는 오뇌와 초조의 깊은 주름이 자리하고 있었으나 그것조차 이화에게는 전연 알 수 없는 미지의 것으로만 여겨졌다. 비정한 사나움이 서려 있을 뿐 지운은 마치 남처럼 — 조금도 모르는 얼굴처럼 보이고 있지 않은가? — 이화는 두려움과 저어의 빛으로 그에게 저항하며 한 발짝 뒤로 물러섰다. 지운은 와락 달려들어 이화를 마룻바닥에 넘어뜨렸다. 그녀는 원피스의 자락을 잡아당기면서 애원하는 눈으로 그를 쳐다보았다. — 그의 얼굴은 검붉어져 있었다. 입술이 이상히 번들거린다. 그는 한마디도 말을 하지 않고 이화의 슬립을 움켜잡았다. 이화는 저항했다. 부드득하고 슬립의 단에서 레이스가 뜯어졌다. — 팬티가 찢기어 나갔다. 이화는 지운의 뺨을 때렸다.[11]

---

11) 위의 책, 178~179면.

　지운은 이념에 경도된 인물로 그러한 지배적 가치를 지향할 수 없는 상황에 억압당해 욕망과 충동으로 그것에서 벗어나고자 한다. 지운은 숨어 지내는 자신의 상황을 인정하지 못함으로 스스로를 학대한다. 따라서 지운이 보여주는 우울함과 정신적 불안은 지운이 표방하는 진정한 가치를 추구하지 못하는 데에 따른 피해의식이라 할 수 있다. 그러나 지운이 표방하는 이념적 가치는 오히려 이화를 겁탈하려는 폭력적인 현상으로 표출됨으로써 진정한 의미를 확보하지 못한다. 지운과 이화의 사랑은 전쟁이라는 억압적 상황에서 보여주는 낭만적 사랑의식을 보여주지만, 점차 이념의 상실로 자아를 상실해 가는 지운은 이상적이고 낭만적인 사랑을 할 수 없게 된다.

　지운이 보여준 폭력적, 억압적 사랑의 방식은 이념으로 억압된 사회적 질서 속에 경도된 억압된 의식의 상태를 드러낸 부분이다. 이에 이화가 지운의 뺨을 때림으로 지운은 정신을 차리지만 크게 절망한다. 이화는 지운의 태도를 자신에 대한 감정과 환경과 연관시켜 해석하면서 이해하려 든다. 따라서 다음날 모든 것을 주겠노라는 찾아가지만 지운은 병원을 떠나고 없다.

　이화는 의기 쇠진해 있는 그를 슬픔 속에 밀어 넣었다는 생각에 지운의 요구를 들어주기로 마음먹은 것이다. 이렇게 이화가 적극적인 행동을 보여주는 것은 사랑이 함유하고 있는 진정성에 있지 않다. 그것은 오히려 지운의 현재의 상태를 안타깝게 바라보고 그것에 자신의 가치를 맞추려는 다소 체념적 행동에 의한 것이다.

　이화와 지운은 전쟁이 일어나기 전부터 사랑하는 사이로 전쟁이 진행되는 중에도 지속적으로 만나지만 이화가 지운에게 갖는 감정은 지운처럼 열정적이지도 못하고 사랑의 감정을 잘 느끼지도 못한다. 지운은 이화보다 높은 곳에 위치한 남성으로 육체에 대한 동경을 일으키는 존재이다. 따라서 지운이 보여주는 성숙한 섹스나 난폭한 포옹, 맹렬한 키스 같은 것을 이화는 끝까지

당해내지 못하고 오히려 이런 것에 뭔지 모를 불안함을 느끼게 된다. 이화가 지운을 좋아하는 것은 기울어지고 있는 어려워진 아버지 회사사정과 싱거운 동생, 나약한 어머니 등의 가족들 사이에서 강해지고 싶은 마음으로 의과대학을 선택한 부분을 지운이 인정해주기 때문이기도 하다. 즉, 이화가 지운을 좋아하게 된 결정적인 요인은 자신의 꿈과 자아의식을 믿어주기 때문인 것이다. 그러나 이화는 지운이 이념적 가치에 깊이 경도되어 있는 것을 이해하지 못한다. 그것은 전쟁이 나기 전부터 이화와 지운 사이의 하나의 갈등으로 자리 잡는다. 오히려 이화는 지운처럼 이념적 인물이 된다거나 동생 옥엽처럼 희생적인 삶을 사는 것보다는 자기를 위해 사는 것이 훨씬 더 중요한 일로 생각한다. 그것은 그녀의 내부에서 그러한 삶이 정당하다고 내부적으로 명령을 내리는 것이다.

그러나 이화의 자기중심적인 삶의 방식은 곧 새로운 환경에 처해지면서 다른 모습으로 변모한다. 이화는 지운이 없어진 상태를 견디지 못하고 지운을 찾아 헤매다 공허함을 이겨내지 못한다. 이화는 더 견디지 못하고 적십자의 표지를 지닌 북한 공산군의 군병에서 환자들을 치료하기로 한다. 이화는 지운이 남기고 간 공허함을 환자들을 치료하고 돕는 것으로 극복한다. 그러나 이화가 병원에서 일을 하기로 결정한 것은 병원은 최소한 이데올로기의 싸움터가 아닐 것이라고 판단해서이다. 이화는 병원에서 어린 공산군의 위생병에게 친밀함을 느낀다.

> 그는 충청도의 중학생이고 국군에 섞여 싸움터에 나왔었다고 했다. 가두(街頭) 징집에 휩쓸려 들었거나 하여서 삼사 일 총을 쏘는 법을 배우고는 전선에 보내진 그런 축의 하나였던 것이다. 최초의 전투에서 그는 대퇴골 골절의 총상을 입고 쓰러지고 말았다. ― 공산군의 위생병은 어두운 날 빗속에서 자기들의 다친 <동무>를 가려내는 방법으로 머리통을 더듬어 만져보았다. 중학생은 머리를 박박 깎은 탓으로 그들 속에 섞여버린 것이었다.

의료반의 사람들은 요즘에도 뭔지 모를 우스움을 느끼면서 이 소년을 바라
보곤 하였다 — 그는 복도에서 이화를 처음 만났을 때 반가운 표정을 지어
보였다. 공산군답지 않은 공산군이라고 이화는 그때 생각했었다. 그의 이
야기를 듣고부터는 그녀는 거리낌 없는 친밀함을 그에 대해 가졌다.[12]

이화는 병원이 이데올로기의 싸움터가 아닐 것이라고 생각하면서 일을 하
였다. 그러나 그녀는 이데올로기에 자유롭지 못하다. 그 많은 환자 중에서 경
계를 하지 않는 대상은 우연히 공산군이 됐다는 소년병일 뿐이다. 이화는 환
자를 적극적으로 치료하지만 환자들에게 진심으로 마음을 열지 못한다. 이화
는 진정한 의미에서 휴머니즘적 사랑으로 이념적 대립을 극복하지 못한다.
그러므로 이화는 북으로 이송되는 열차에서 도망친다. 이화가 임진강에 도달
해 강물에 손을 담글 때 국군 비행기가 북한 복장을 한 이화를 북한병사로 오
인하면서 사살된다.

이화가 국군에게 사살당하는 것은 함축적인 의미를 지닌다. 이화의 죽음은
이념적 가치를 넘어서지 못한 휴머니즘적 사랑의 방식의 한계를 드러낸다.
또한 지운이 임진강 줄기를 타고 북진을 하는 노정에서 이화가 사살되는 것
은, 이념적 대립은 모두에게 고통을 줄 뿐 진정한 가치로 작용할 수 없음을 뜻
한다.

이념적 가치 지향과 휴머니즘적 사랑의 방식은 이화의 동생 옥엽과 옥엽을
사랑하는 공산군 대위의 관계에서 다시 한번 드러난다.

옥엽은 자기중심적인 이화와 달리 가족에게 전적으로 봉사하고 희생하는
모습을 보여준다. 그렇기 때문에 이화네 가족은 옥엽을 중심으로 돌아간다.

<이상한 애로다……>
하는 듯이 우씨는 잠시 그 뒷모습을 바라보았다.

---

12) 위의 책, 193~194면.

옥엽이에게 학교를 쉬게 한 것은 물론 그녀에게 살림을 돌보라는 뜻에서
가 아니었다. 부엌에서는 안잠자기도 있고 심부름하는 계집애도 있었다.
그녀는 폐문임파(肺門淋巴)가 도지지 않도록 몸을 쉬면서 게으름을 피우고
있으면 되는 것이다. 그러나 옥엽이는 누구보다도 부지런할 뿐더러 어느
사이엔가 가정생활의 중심처럼 되어 있었다.

　누구나가 무엇을 찾을 때면 그녀에게로 달려갔다. 와이셔츠·속옷·양말
따위를 몇 개씩 사들여야 하는지, 누구의 나들이옷을 새로 장만해야 하는
지, 그것을 아는 것은 어머니 심(沈)씨가 아니고 옥엽이었고, 명절·생신·제
삿날을 기억했다가 미리 준비하는 것도 그녀였다. ─ 이화도 동근이도, 끝
의 동생 신경질인 동훈(東勳)이도, 게으른 심씨는 말할 것도 없이, 때로는
우태갑 씨까지도 하루에 몇 번씩은 새삼스런 감사를 그녀에게 느끼지 않을
수 없게 생겨 있었다.13)

　옥엽이 보여주는 헌신적, 희생적 모습은 강신재가 추구하는 휴머니즘적 정
신과 일맥상통한다. 따라서 공산군 대위 또한 옥엽의 헌신적인 태도에 끌려
그녀를 북한으로 데려가려는 것이다. 옥엽이 보여주는 헌신적인 태도는 이념
과 가치 밖의 행동이다. 옥엽의 헌신적인 모습은 이화네 집이 공산군들의 밥
을 지어주는 숙소로 변했을 때도 최선을 다해 밥을 지어주는 모습으로 나타
난다. 옥엽은 애초에 공포나 혐오의 감정을 가지지 않은 듯 성실하게 해낸다.
그러나 옥엽의 헌신적인 행동 뒤에는 뒷방에 숨어있는 아버지 우태갑씨와 집
밖 땅속에 구덩이를 파고 숨어있는 동훈이, 공산군을 적의에 차 바라보는 이
화에게 잘못된 일이 일어날까봐 걱정하는 마음 때문이다. 옥엽은 공산군 대
위가 동훈을 위협하며 자신과 함께 가기를 종용했을 때도 자신보다 동생을
생각하며 공산군 대위를 따라나선다.

　옥엽이 대위를 따라가는 것은 가족을 살리기 위해선 다른 방식이 없었기
때문이다. 옥엽이 보여주는 모습은 절대적으로 이타적이다. 그러나 공산군들

---

13) 위의 책, 39~40면.

에게 밥을 지어먹이는 것은 자발적인 감정이 아니라 강제적인 것이란 점에서 이화가 한계를 보여준 것과 크게 다르지 않다.

그러나 공산군 대위는 옥엽과는 달리 지운가 같은 이념적인 인물이다. 이념적인 성향이 강한 대위가 옥엽에게 끌리는 것은 옥엽이 지니고 있는 모습이 이념적 가치이상의 의미를 지니기 때문이다. 대위가 옥엽을 사랑하는 마음은 진정한 것이지만, 이념적 지배가치에 지배당한 대위가 추구할 수 있는 사랑의 방법은 옥엽을 자신의 이념적 세계에 끌어오는 것일 수밖에 없다. 그러므로 옥엽을 북에 데려가려하고 북에 가서 옥엽이 큰 도움을 준 열성분자라고 추천할 것이라고 한다. 대위가 옥엽을 생각하는 마음은 진심이다. 하지만 이들의 관계에서 옥엽은 다른 선택을 할 자유가 없다. 식구들의 안전을 위해 강제적으로 밥을 지어야 했었던 것처럼, 대위의 제안은 다른 선택권이 없기 때문에 억압적일 수밖에 없다.

공산군 대위와의 갈등은 이념적 문제를 넘어서 삶의 양식면에서 근본적인 차이점을 드러낸다. 공산군 대위는 철저하게 이념적이기 때문에 지운이 자유주의를 위해 싸웠던 것처럼, 대위 또한 그것 밖에서는 사고하거나 행동하지 못한다. 그러나 옥엽은 이념적인 형식의 삶에 지배당하지 않는다. 옥엽은 대위의 친절한 행동에 한순간 마음이 끌린다. 하지만 공산주의라는 이념적 명분으로 남하와 북진을 갈등하는 북한 소년병을 단번에 쏴 죽이는 모습을 보면서 옥엽은 대위에게서 무작정 도망친다. 대위의 이념적 명분으로 저지르는 비인간적인 행동은 둘의 관계를 더 이상 발전시키지 못하게 막는다. 따라서 이념적 가치에 경도된 공산군 대위와 옥엽을 통해 보여 지는 휴머니즘적 가치는 본질적으로 다른 것이며, 옥엽이 공산군 대위를 부정하면서 공산군 대위가 지향하는 이념적 세계의식은 지양된다.

옥엽이 도망하면서 대위가 비행공습에 맞아 죽는 것은 이념적 추구의 종말을 의미한다. 또한 이념적 가치에 종속되어 그것을 추구할 수 없을 때, 지운이 이화를 겁탈하려고 하는 것처럼, 대위 또한 이기적인 감정 때문에 옥엽을 강제로 데려가고 억압하는 모습을 보여준다. 철저하게 공산주의 이념에 맹신한 대위는 지운과 마찬가지로 사랑의 방식 또한 억압적 방식으로 이루려는 모습을 보여준다.

지운과 공산군 대위가 추구하는 이념적 추구는 당시 사회를 지배하는 억압적 가치이다. 지운은 자유를 위해, 대위는 공산주의라는 편향된 이념을 놓고 그것을 성취하기 위해 싸우고, 그것이 이루어지지 못했을 때 오히려 억압당한다. 마찬가지로 그들이 보여주는 사랑의 방식은 그 자신이 이념적 질서 속에 안전하게 있을 때 이루어질 수 있는 것이며, 사랑하는 대상을 자신이 추구하는 이념적 질서 속으로 포섭해가려는 강제성을 보여준다. 따라서 이념적 가치에 경도된 남성들의 의식은 전쟁이라는 상황과 이념에 억압되어 억압된 사랑의 형식만을 보여준다.

이화와 옥엽에게는 다가오는 남성의 사랑은 전쟁과 비슷한 폭력적인 의미이다. 이화가 지운을 사랑하는 마음은 진정한 것이지만 폭력적인 지운의 사랑의 방식을 수용할 수 없는 것과 마찬가지로, 옥엽 또한 대위와 북상하면서 조금씩 대위의 인간적인 면모에 끌렸지만 소년 병을 잔인하게 죽이는 모습에서 그에 대한 마음을 완전히 제거해 버리게 된다.

이화와 옥엽이 추구하는 사랑의 방식은 이상적이면서 인간적인 형태를 추구한다. 이화가 지운을 좋아하는 것도 지운이 자신을 인정해주었기 때문이었던 것처럼 지운이 자신을 인격적으로 대해주길 원했고, 옥엽 또한 대위에게서 인간적인 면모를 그 무엇보다 원했다. 그러므로 이화와 옥엽은 이념적인 의식에 경도되어 인간적인 면모를 상실한 남성에게서 이상적인 사랑을 받지 못하고, 스스로의 태도를 바꾸어 타자에게 봉사하고 희생함으로써 그 빈자리를 채워나간다.

 이화와 옥엽은 지운과 대위처럼 어떤 이념에 종속되어 인간성을 상실한 삶을 거부한다. 지운과 헤어지고 병원에서 보여주는 이화의 희생적인 모습과 옥엽의 한결같은 봉사정신은 전쟁의 참상에서 잃어버린 인간성을 되찾고 회복하는 휴머니즘적 사랑의식을 지향한 모습이라 할 수 있다.

Ⅷ. 역사소설

1) 역사소설의 의미와 분석방법

역사는 현재의 눈을 통해서 또는 현재의 문제에 비추어서 과거를 조명하는 작업이다. 또한 역사가는 과거에 있었던 일을 그대로 기록하는 기록자의 역할에서 머물지 않고 현재를 과거의 연속선상에서 파악하며 과거를 새롭게 평가하여야 하는 임무와 책임을 띤다고 할 수 있다. 따라서 역사는 '의식적이든 무의식적이든 우리들의 시대적 관점을 반영하며 우리가 살고 있는 사회를 어떻게 보는가하는 광범위한 문제에 대한 우리들의 대답의 한 부분'이 된다고 한다.[1]

소설가에 의해서 재창조되는 역사소설은 단순한 역사적 기록이나 역사적 사실의 해설서가 아니라 미를 추구하는 본격문학작품이다. 그러나 역사소설이 일반소설과 다름없는 분명한 창작물이라는 점에서 역사 소설가는 과거의 사실만을 기록하거나 그 사실을 알리는 것으로 그 임무를 삼을 수만은 없다. 어디까지 그 역사적 사건과 인물이 현재 우리의 현실과 연계되게끔 파악되어

---

1) 강만길, 「세계의 문학」, 『세계의 문학 18호』, 1980, 겨울, 180면.

져야 한다. 그것이 바로 한 작가가 역사를 보는 눈이라 할 수 있을 것이다. 다시 말해 역사 소설가는 역사적 사실을 취급함에 있어서 그 사실을 있는 그대로 옮겨 놓는 데에 노력을 기울이는 것이 아니라 역사적 사실의 재구와 그 사실을 작가의 역사를 보는 눈에 의하여 현실감을 띄도록 리얼리티를 부여하여야 한다는 것이다. [2]

역사소설이란 역사설 사실에서 사건의 줄거리나 인물을 작가의 직관력과 상상력으로 재구성한 소설의 한 장르이다. 그러나 역사소설은 역사적 사건에서 역사적 진실성을 드러내면서 동시에 문학적인 허구를 이용하여 인간의 본질을 감명 깊게 나타내야 한다.

그러므로 역사소설에서 가장 중요한 것은 역사적 사건 속에 등장하는 인물들이 어떤 동기와 조건 속에서 그렇게 생각하고 행동했는가를 파악함으로써 현재속의 과거와 과거에서 이어지는 현재를 이야기하는 일이다. 이런 점에서 "역사소설은 그 소설 속에서 다루어진 시대가 문제가 아니라 소설이 씌어진 시대가 문제"[3]이다.

역사소설의 존재가치는 문학, 그 자체의 존재가치와 직결 된다고 할 수 있다. 문학작품도 일종의 문헌이며 동시에 시대적 산물이기 때문이다. 역사소설이 인간의 탐구나 시대의 사실성을 추구하고 표현할 때 그 예술성에 있어서 현대소설이나 다를 바가 없는 것이다. 그러나 결국 역사소설이란 작품적으로는 그 당시의 소설, 따라서 현대에선 현대소설의 범주를 벗어나는 것이 아니다. 역사를 하나의 재료 문제로 볼 때에 역사소설이란 과거의 역사적 사실이 소설의 소재가 됐을 뿐이지 그것이 쓰여 지고 있는 시대나 작가는 어디까지나 현대이다. 무엇보다도 그것을 재료로 하여 작품을 제작하는 작품의식, 제작의 수단, 조건 등의 방법도 현대소설적인 것이다.[4]

<hr>

2) 신봉승, 「역사소설연구」, 『경희어문학 6집』, 1982, 2, 130면.
3) 황석영, 「역사소설의 문제점」, 한국일보, 1976, 1, 8면.

그러므로 역사소설은 역사에 대한 구체적이고도 독자적인 해석이어야만 된다. 진실로 역사소설에 있어서 바람직한 것은 역사적 사건이나 인물에 대한 묘사가 아니라 역사적 국면을 원경으로 조명한 인간의 이야기여야 한다. 그것은 물론 과거의 인간이기도 하며 또한 현재의 인간이기도 하다. 소설에 있어서 우리의 궁극적인 관심사는 사건보다는 인간에 귀착되는 것이다.[5]

우리에게 익숙한 역사소설은 특정한 과거의 시공간 속에서 살고 있는 인물을 통해 과거를 새롭게 인식함으로써 현재를 살고 있는 우리의 현실과 삶을 위한 성찰의 기회를 제공해주는, 이른바 '역사적 발견의 서사'의 역할을 맡는다. 작가의 역사적 상상력은 과거의 사실을 기반으로 하되, 그 사실의 안팎을 넘나드는 작가 특유의 통찰력과 미적 태도를 통해 과거를 새롭게 해석해 낸다.[6]

강신재는 80년대부터 역사소설을 쓰기 시작했다. 강신재가 쓴 역사소설은 『천추태후』, 『불타는 구름』(1978), 『사도세자빈』(1981), 『소설 신사임당·문정왕후 아수라』(1987), 『간신의 처·풍우』(1989), 『명성황후』(1992), 『광해의 날들』(1994) 등이다.

강신재가 단편·중편 소설의 편향에서 역사소설로 방향을 돌린 데에는 여러 가지 이유가 있지만 그 중 주요한 이유는 역사소설에 나타난 주제의식에서 찾아볼 수 있다.

모든 문학연구가 그렇지만 역사소설에 대한 연구 또한 작가가 그려내고자 하는 주제를 찾아내어 그것에 대한 규명이 있어야 한다. 또한 역사소설에 대한 연구는 무엇보다 작가가 선택한 시점과 연관시켜 그 주제를 논의하는데 초점을 맞추었을 때, 역사적 사실을 대상으로 규명하고 논의하고자 하는 작가의 의식을 이해할 수 있게 된다.

---

4) 정윤기, 『역사소설의 방법론 연구』, 건국대 석사논문, 1982, 8면.
5) 송재영, 「역사소설에의 문제제기」, 문학사상사, 1975.
6) 오창은, 「역사소설과 역사적 시간의 재구성」, 『비평의 모험』, 실천문학사, 2005, 71면.

강신재가 쓴 역사소설은 크게 두개의 커다란 주제로 나누어진다. 첫째는 그 시대의 지배적 질서 속에서 저항하거나 순응하며 또 다른 권력을 추구하며 드러내는 여성의식에 관한 것이다. 여성 의식은 강신재 소설 전반에 걸쳐 나타나는 것으로 역사소설에서도 소재와 주제와 플롯에서 지배질서와 대립되는 여성의 위치와 심리에 주목하여 그것을 기반으로 생생하고 밀도 있게 서술된다.

다음으로는 죽음의식의 표출을 둘 수 있다. 죽음의식은 왕위찬탈을 두고 나타나는 일반적인 행보일 수 있다. 하지만, 강신재 역사소설에 나타난 죽음의식은 부정적 세계인식의 표출로 기존의 가치체제와 규범을 부정시하는 의식을 드러낸 것이다.

강신재가 추구하고 연구해온 여성의식과 죽음으로 나타난 세계의식은 단편·중편소설에서도 커다란 주제를 이룬다. 따라서 역사소설로 소급하여 과거의 사건을 대상으로 여성의 정체성과 죽음의식에 대한 탐구를 기울인 것에는 보다 본질적인 의의가 있다.

즉, 현대에 들어서서 여성의 의식과 정체성에 대한 논의는 그 시대의 지배적 질서와 대립되는 방식으로 소극적인 모습으로 이루어졌을 뿐이다. 이에 강신재는 과거의 역사 속으로 거슬러가 그 시대적 논리 속에서도 지배되지 않고 여성의 자아의식과 정체성을 찾아나가는 여성을 재발견하며 그 의미를 현대의 여성의식으로 재조명하고 그로 인해 여성의 정체성에 대한 탐구를 과거의 시간으로까지 확대시켜 해석하려 한 것이다. 이러한 의식은 현재의 여성의식과 과거의 여성의식의 고리를 찾아내어 연결하는 과정으로 여성의식에 대한 인식을 현대사가 아닌 과거의 시간으로 확장시켜 놓는 데에 커다란 의의가 있다고 하겠다. 따라서 강신재 소설에 대한 연구는 강신재 역사소설에 나타난 여성의식과 세계의식을 보다 깊이 이해하고 해석할 때 그 의미를 보다 분명히 확보할 수 있는 필연성이 제공된다.

역사소설에 대한 논의는 앞의 단편들에 대한 분석방법과 크게 다르지 않다. 오히려 역사소설에 일관된 여성의식과 단편소설에서 보여주었던 지배체제에 대한 전복성과 정체성을 더욱 밀도 있게 보여줄 것이다. 또한 죽음의식으로 일관된 역사소설은 단편들에서 단말마적으로 보여주었던 부정적 세계의식의 의미를 더욱 깊이 있게 보여줄 것이라 생각한다.

2) 권력의 추구와 죽음의식

권력이란 "타인의 행동에 자신의 의지를 부여하는 능력"[7]이다. 또한 A가 B로 하여금 그 작용이 없었더라면 하지 않았을 행동을 하도록 할 때 A는 B에 대하여 권력을 갖는다고 말한다.[8] 일반적으로 권력이라 함은 사회적 관계에 있어서 자신의 의사를 관철시키며 다른 사람들의 행동을 지배하는 일종의 힘으로써 권력의 본질은 힘의 지배에 있다고 할 수 있다. 권력의 추구는 곧 힘의 지배구도로 짜여진 문제적 상황을 극복하기 위한 하나의 방법이다. 강신재 소설에서 권력의 의미는『명성황후』,『海光의 날들』에 나타나는 것처럼 절대적 힘을 의미한다. 권력을 소유하는 것은 곧 삶과 죽음을 좌우할 수 있는 절대적인 것이다.

위의 역사소설은 궐이라는 특수한 환경을 배경으로 삼기에 권력구조가 더욱 첨예하게 드러난다. 그러나 강신재가 역사소설에 주목하는 것은 한 나라의 정치와 경제, 교육 등 모든 문제들을 이끌어가는 중심이 궐 안의 세계에서 이루어지기 때문이다. 따라서 궐 안의 풍경은 곧 전체 사회로 투영될 수 있는 반

---

7) Max Weber, "Law in Economy and Society", (Cambridge : Harvard Univ Press),1954, 123면.

8) "The Concept of Power" Behavioral Science 2, 1957, 202~203면.

면, 궐 안의 대립구도는 보다 확연히 관철될 수 있는 특징을 지녔기 때문이다.

　역사소설『명성황후』,『海光의 날들』에서 드러내고자 하는 권력의 구도와 방식은 곧 강신재가 세계를 바라보는 하나의 방식으로 이해될 수 있다. 여기에서 권력의 의미는 다시 전통적 지배체제와 소외된 여성의 대립구도를 읽어나가는 하나의 방식이 될 수 있다.

　또한 권력의 소유여하에 따라 지배자와 피지배자는 절대 권력과 죽음의 결과로 나누어지는데 주목하여, 강신재의 소설에 전반적으로 나타나는 절망적인 색조와 삶의 비극성9)의 본질적 의미를 강신재가 바라보는 세계의식과 연관시켜 논의될 수 있다. 권력의 의미를 여성과 지배적 사회구조와 연관시켜 해석하는 것은 강신재 소설에 나타나는 죽음의 근원적 의미를 밝혀내는데 단서가 될 수 있다.

(1) 권력, 그 세계의 본질

　『光海의 날들』10)의 역사적 사건은 선조 14년, 보령 50세, 어극(御極, 재위) 34년, 임진의 난(1592년) 왜군을 피해 서북으로 도주했던 사건을 배경으로 시작된다. 선조는 서울 탈출 직전의 북새통 속에 한번 부결된 신성군을 세자로 책봉하지 못하고 등을 떠밀린 듯 '광해'를 세자로 책봉한다. 피란 중에 열세 명이나 되던 왕자들 중 선조가 유일하게 사랑하던 인빈(仁嬪)소생 신성군(信城君)이 병사했고 광해군(光海君) 혼(琿)이 세자이다.『光海의 날들』은 세자인 광해군이 왕의 보위에 오르는 과정을 소설화한 것이다. 따라서 『光海의 날들』의 의미 해석은 곧 권력의 구도(계보)를 분석하고 다음으로 권력을 획득하는 방법을 고찰하는 방식으로 이루어질 수 있다. 텍스트 분석은

---

9) 강신재,「이별, 구원 그 이력」,『현대문학』,1971, 6, 257면.
10) 강신재,『光海의 날들』, 창공사, 1994.

역사소설을 통해 드러내려 하는 세계를 향한 작가의 시선을 이해하는 단초를
제공한다.

『光海의 날들』권력 구도 분석

① 세자 광해군(光海君) 혼(琿)
＋배후세력 : 대북파
→권력의 주동자 : 대북파 이이첨
↕
김제남(金梯男)의 딸, 선조의 부인 중전 간택
(정명공주, 적통인 영창대군을 둠)＋배후세력: 소북파 (대북에서 갈라짐)
→권력의 주동자 : 영의정 유영경 (선조의 신임, 영창대군 옹립)

② 이이첨에 의해 임해군의 모반설 등장
선조가 광해군에게 전위한다는 교서 내림
＋이이첨이 정인홍을 통해 유영경을 상소함
↕
선조의 승하 : 선조 독살설
34세의 나이로 광해군 15대 왕으로 즉위
→ 유영경의 삭탈관직 :제주도로 유배되어 산발한 머리와 수염을 하고 어
두컴컴한 토방에서 종일 웅크리는 생활을 함 ― 사약을 받으라는 소리에 방안
들보에 목매어 죽음

③ 이이첨에 의해 임해군 독살

· 중국의 세자 인준 없이 이루어진 즉위의 설로 광해의 마음을 불안케 함
· 임해가 교동으로 전교되고 임해의 측근 백여 명이 장살됨
· 명나라에서 광해의 즉위에 만조하지 않아 임해군을 만나러 오나, 임해는
목숨을 부지하기 위해 광인의 행동을 보여줌 — 그 후 이첨의 지시하해 탕
제를 먹고 독살됨

④ 신성군의 아들인 진릉군이 이이첨에 의해 12세 때 감금되었다가 사사. 진릉군은
광해의 아우 순화군에 입양해 있었는데, 양아버지 순화군이 살해되고 외조부 황혁도
장살됨

⑤ 이이첨에 의해 김제남이 외딴 섬에 위리 안치되고 사약을 받고 죽음
· 대비전에 대한 박해 시작
· 영창대군 작서인 됨 — 강화도에 위리안치 됨
· 이이첨이 정항을 시켜 영창대군을 밀폐된 온돌방에 불을 때어 죽이도록 시킴
— 영창대군 증살되어 죽음

⑥ 광해가 인빈의 아들 능창군에게 본능적 경계심을 품음
 — (정원군의 세 아들은 능양, 능원, 능창)
새문동궁에 왕기(王氣)가 있다는 소문으로 능창군 주살됨

⑦ 국가의 재정이 없어 창경궁을 지을 수가 없게 되자,
· 왕의 여인 김상궁이 매관매직으로 돈을 충당함
· 이이첨에 의해 김제남의 부관참시가 이루어져,
· 부원군 묘가 빠개지고 시체를 저자거리에 들어내 찢음

— 실질적인 조정세력은 이이첨이 완전히 장악

↕

· 성균관의 유생 윤선도가 이이첨의 전횡, 죄를 샅샅이 규탄함

첫째, 모든 벼슬의 추천이 이첨에게서 나오고 있다

둘째, 이첨이 과거시험 문제를 유출해 유생들을 조종하는 도구로 삼는다

셋째, 이원익, 이덕형, 심희수는 충신들인데 이첨이 잇따라 귀양을 보냈다.

→윤선도는 하옥되어 함경도 경원으로 귀양을 가, 일년 후에 유배지가

기장으로 바뀌어 8년간 배소에서 글을 지으며 지냄

: 후에 윤선도의 상소에서 대비의 박대부분이 빠진 것과 김제남의 반역모

의는 누구나 다 안다고 하는 말까지 문장이 들어있어 정도(正道)를 잃은 것

이었다는 평가와 비난을 받음

· 윤선도의 상소에 종실 가운데 구천군 등 20여명의 동조자가 나타남

⑧ 광해군이 명과 후금의 전쟁 사이에서 이중적 줄타기로 위기를 모면

· 이이첨이 원접사 된 때를 기해 이이첨을 논핵하는 상소가 빗발침

· 이이첨이 대비를 없애려는 시도를 하나 유희분의 저지로 실패

↕

· 이괄, 이성의 병력이 합친 모반군이 창덕궁에 돌입

· 정원군의 장남인 능양군이 대비의 전교와 옥새를 받으며 왕으로 즉위

· 이첨이 능지처참의 극형을 당함

· 광해군과 전 왕비 유씨, 폐세자 지, 폐세자빈 박씨 모두 강화에 위리 안

치됨

(2) 권력의 의미와 방식

위의 텍스트 분석에서 권력의 배후 조정자는 이이첨이고 광해군은 이이첨
에 의해 왕의 지위를 획득하고 유지한다. 따라서 강신재의『光海의 날들』은
이이첨이란 인물과 이이첨에 의해 조종되는 권력의 의미를 살펴볼 때 그 의
미를 이해할 수 있다.

이이첨은 광해군의 세자공포증과 불안을 이용해 권력을 잡는다. 이이첨은
자신의 세력을 넓히기 위해 수단과 방법을 가리지 않으며, 방해하는 세력은
모두 죽음의 방식으로 처단한다. 잇따른 죽음의 방식은 광해군이 왕위에 등
극했을 때에도 계속적으로 진행된다. 이렇게 이이첨의 권력의 독주로 왕권이
유지되고 권력을 장악할 수 있는 것은 죽음과 권력의 속성 때문이다. 광해의 죽
음에의 불안과 이이첨의 권력의 추구는 역사를 살상과 죽음의 풍경으로 그려
넣는 동기가 된다.

우선, 죽음에의 불안은 광해군으로 하여금 살상을 저지르는 것에 동의하게
만든다.

광해군이 임해군과 진릉군, 영창대군 등 이복형제들을 죽이는 것에 동의를
한 것은 죽음에의 공포 때문이다.

광해군은 이이첨의 조종으로 이루어진, 임해군이 반역 모의를 하였으므로
귀양을 보내야 한다는 상소를 읽고 눈물부터 쏟을 정도로 인간적인 성품을
보여준다.

> 편전에서 글을 읽고서 광해는 와락 눈물부터 쏟았다.
> "동기간에 좋이 지내랍시는 유교가 아직 귓전에 생생한데 벌써 이 무슨
> 일인가. 내 어찌 형을 벌할 수 있으리. 대신들은 도모하여 어떻게든 임해를
> 살릴 방도를 강구하라."
> 그가 비탄과 당황함을 감추지 못한 것은 이 일의 절망적인 위험을 감지한

때문이었다. 자고로 왕위계승권에 가까운 자로서 반역 모의했다고 탄핵을 받고 무사했던 전례는 없다. 진상이 정당한 조사를 받는 일도 없었다.[11]

그럼에도 결국 임해군을 귀양보내는 것은 광해군이 지니고 있는 죽음에의 공포 때문이다. 죽음은 인간을 그의 가장 깊은 본질로부터 뒤흔들고 또 불안전하게 하는 현존재의 근본적인 위협이다. 그러나 무엇보다도 인간을 공포스럽게 하는 것은 바로 죽음에 대한 '불안의식'이다. 이때의 불안이란 죽는 순간의 구체적인 불안이나 죽음의 고통에 대한 것이 아니라, 인간으로 하여금 '그 이상 더 존재하지 않는다.'는 것을 생각게 함으로써 엄습하는 현기증이나 불안감이라는 심정의 문제이다. 이처럼 불안은 인간이 자기 현존재의 전체적인 위기를 가장 깊이 느끼는 것을 의미한다.[12]

광해군이 왕위에 집착하며 불안을 느끼는 까닭은 궐안에서 왕위를 계승하지 못할 때에는 왕자들은 거침없이 궐 밖으로 내쫓기고 생명까지도 잃게 되는 선례를 수없이 보았기 때문이다. 따라서 왕위는 곧 목숨과 연결되면서 왕의 신분은 곧 언제 어떻게 될지 모르는 상황 속에서 불안감만을 자아내게 한다.

이 불안의 극복은 오직 불안의 토대 위에 서서 그것을 용감하게 이겨나가는 데서 이루어질 수 있다. 그러나 광해군은 불안을 극복하기 위해서 그 불안의 요소를 제거하기 위해 죽음의 방식을 용인할 뿐이다. 광해군이 용인한 죽음의 방식은 불안에게서 도피하려는 하나의 방식이지 불안을 제거할 수 있는 근본적인 방식은 될 수 없다. 이러한 죽음에의 공포는 권력을 추구하는 이이첨의 잔인함과 결탁해 대대적인 살상을 가능케 한다.

이이첨은 왕의 배후세력으로 당대의 권력을 소유하였음에도 평안함과 안일을 오히려 견디지 못하며 큰 살상을 계획한다. 이이첨을 통해 나타나는 살

---

11) 앞의 책, 95면.
12) 서동수, 『1950년대 소설에 나타난 죽음의식 연구』, 건국대 박사논문, 2004, 11면.

상의 방식은 권력을 지속시키는 방법이다. 이이첨은 광해군이 지니고 있는 유약한 면모를 이용하고 당시 사회의 질서를 유지하던 유교적 질서를 유린한다. 이처럼 이이첨이 권력에 맹종하고 살상을 저지르는 까닭은 그 또한 권력 의식에 사로잡혀있기 때문이다. 당시 이이첨이 속한 대북파는 정권을 소북에게 빼앗긴 채 어떠한 존재감도 없는 세력이었다. 이이첨은 여러 가지 방법으로 자기 자신을 수호하면서 자기에게 확실성을 부여해 주는 권력을 찾아내려 한다. 따라서 이이첨은 광해가 세자책봉을 받을 것을 알면서도 광해의 불안을 권력을 얻는데 이용한다. 이이첨은 자신의 감정과 가치를 자기가 의존하고 있는 권력으로부터 빌어온다. 그러나 자신이 추구하는 권력에 의지하게 되므로 진정한 의미의 자유를 잃게 되며 권력을 유지하기 위한 수단으로 강박적인 살상을 저지르게 된다. 그는 자기가 의존하고 있는 것이 권력으로부터 빌어오고 있음에도 불구하고 여전히 자기 스스로 생각하고, 자기 스스로 느끼며, 자기 스스로 선택하고 있다는 환상 속에서 살고 있는 것이다.[13] 그러나 이이첨은 자신의 정체성을 권력으로부터 찾고 있기 때문에 진정한 의미에서 소외되었다고 할 수 있다. 곧 자신의 행위의 결과가 다시 자신을 지배하게 되는 과정을 거치기 때문이다.[14] 이이첨은 권력의 구도를 조정하고 이끌어가지만 권력의 구조는 그를 소외시킨다.

이이첨은 광해의 배후에서 모든 세력들을 통제하고 조정한다. 또한 거대한 세력을 확보하였음에도 끊임없는 살상을 계획하고 마지막 씨까지 없애기 위해 대비를 살해하는 계획까지 세운다. 이이첨은 이처럼 죽음과 파괴의 방식

---

13) 에리히 프롬, 『불복종에 관하여』, 범우사, 1996, 57면.

14) 소외론은 주객동일이 아니라 주객격차를 조명한다. 주객격차의 상태를 기술하는 데 그치는 소외론이 정적 소외론이라면, 그에 비해 주객격차의 원인에 접근하는 소외론은 동적 소외론이다. 전자의 소외론의 중심에 개인의 심리적 상태에 대한 묘사가 있다면, 후자의 소외론의 중심에는 개인의 소외된 행위에 대한 설명과 그 행위가 일어나게 된 원인에 대한 설명이 있다. 이홍균, 『소외의 사회학』, 한울아카데미, 2004, 48면.

으로 자신의 권력을 확장하고 발전시키려 든다. 따라서 이이첨에게 권력 획득을 방해하는 모든 제도적, 윤리적 방식은 문제가 되지 않는다.

강신재는 이이첨이 소유한 권력은 곧 모든 사건의 시작과 기준이 되고, 가치가 되는 부정적인 방식에 주목한다. 인간사회의 가치와 체계는 결국 지배체제의 지배와 욕망을 유지하기 위한 수단에 불과한 것이다. 이러한 세계의식은 이이첨이라는 권력자에게서 단적으로 나타난다. 강신재에게서 세계는 결국 권력을 가진 자와 가지지 못한 자의 대립의 양상으로 나타날 뿐이다. 권력을 가진 자는 지배층이 되고 권력을 가지지 못한 자는 피지배층으로 자리 잡을 뿐이다. 이러한 권력의 구도는 결국 남성과 여성, 남성에서도 힘 있는 자와 힘없는 자로 나누어질 수 있다. 따라서 강신재의 소설 전편에 흐르고 있는 부정적 세계의식은 세계를 이원적 구도로 바라보는 세계관에 근거한다고 볼 수 있다. 그러나 지배와 피지배, 권력을 가진 자와 가지지 못한 자의 대립은 쉽게 바뀌어 질 수 없다. 그것은 힘없는 자가 힘을 소유할 때에만 가능한 것이기 때문이다. 따라서 강신재 소설 전편에 흐르고 있는 부정적 세계의식은 지배체제가 유린하고 있는 권력의 구도에 대한 여성 특유의 감수성이 가미된 절망적 색조라고 할 수 있다. 또한 작가는 『光海의 날들』에 확연히 드러나는 권력 구도를 통해, 현 시대에 교묘히 자리 잡고 있는 지배체제의 세계질서와 정서를 드러내고 비판한다.

3) 권력의 구조와 소외

강신재 역사소설에 나타난 가장 커다란 플롯은 권력을 둘러싸고 벌어지는 극단적인 이원적 모습이다. 즉 궐 안에서 권력을 가진 자는 자신의 권력에 대립했다는 이유로 극단적으로 죽음을 당하거나 배척된다. 왕조정치가 결국에는 왕위 쟁탈을 둘러싼 권력싸움으로 축약될 수 있기에 이러한 권력 구조는 역사소설의 주요한 플롯으로 작용될 수밖에 없다.

그러나 권력을 둘러싼 암투와 죽음의 풍경은 조선 시대의 역사를 반영하는 사실이다. 그러나 역사소설에서 우리가 눈여겨보아야 할 것은 작가가 상상력을 발휘해 중점적으로 그려내려 하는 인물의 성격과 심리에 있다.

강신재는 역사소설의 주인공으로 여성적 인물에 주목한다. 여성이란 전적으로 지배계급에 비해 소외된 계급으로 역사와 사회가 발전해 나가는데 수동적인 존재일수밖에 없다. 따라서 여성을 주인공으로 삼은 소설에선 소설의 반사회적인 형식으로 인하여, 지배계급과의 충돌을 예상케 한다. 따라서 여성의 정체성을 찾는 것에 관심을 갖고 있고, 여성의 사회적 지위에 근본적으로 관심을 갖고 있는 작가라면 당연 역사 속에서도 여성의 지위와 심리에 관심을 가질 수밖에 없다고 생각한다.

이에『명성황후』15)는 강신재가 소설의 주인공으로 삼을만한 모습을 보여준 주체적인 인물이라고 할 수 있다. 전통적 사회구조와 지배계급은 여성의 지위를 억압한다. 따라서 소설에 나타난 여성인물은 그러한 세계의식을 극복하고 새로운 의식과 세계를 지향하는 과정을 드러낸다. 명성황후가 정치에 참여하고 권력을 쟁취하는 그 과정엔 여성의식과 정체성 추구의 편린을 찾을 수 있다. 또한 명성황후의 뛰어난 정치적 수단은 곧 역사에 나타난 여성에 대한 인식을 새롭게 하며 여성의 능력을 재평가할 수 있는 단초를 제공한다.

강신재 역사소설에 나타난 여성은 크게 기존의 형식대로 권력을 추구하여 권력을 소유하려는 여성상과 전통적인 사회구조를 초월하여 자신만의 독자적인 삶을 향유하려는 여성상으로 나누어진다. 그러나 두 유형 모두 자신의

---

15) 강신재,『명성황후』, 태일출판, 1994.

억압된 상황에서 자유를 누리고 정체성을 회복하고자 하는 모습의 반증이라고 생각한다. 이들에 대한 해석은 강신재가 추구하는 진정한 여성상의 모습과 의미를 제시해준다.

조선시대의 국가권력은 중앙집권화 된 강력한 국가체계를 유지하여 왔다는 것이 일반적인 통념이다. 그러나 외형상 드러나는 사실들로 조선이 국왕을 중심으로 한 강력한 국가 권력 체계를 갖추고 있었다고 보기는 힘들다. 조선의 국왕들에게는 이념적·상징적으로도 절대적인 권력이 주어지지도 않았을 뿐 아니라 중앙집권화 된 행정 기구 역시 국왕의 권력을 강화하기 위한 집중의 형태를 띠고 있지도 않았기 때문이다.[16] 그 한 예로 흥선대원군의 집권에서 들 수 있다.

『명성황후』에서 흥선대원군은 이하응은 조선왕조 25대 왕인 철종이 후계자 없이 죽자 대왕대비 조씨 측근과 긴밀한 접촉을 통해서 자신의 어린 둘째 아들 명복을 철종의 대를 잇는 형식으로 입적시키고 왕위에 오르게 함으로써 절대 권력을 행사한다. 권력의 집권은 곧 왕권의 소유를 의미한다. 따라서 대원군은 권력을 지속시키기 위해 중전의 들일 때 권력이 닿지 않는 인물로 설정해놓는다.

> 그러나 등극한 신왕은 불과 12세의 소년이고 하응은 그 해 계해년에 44세, 힘과 야망은 하늘에 닿아있었다. 소년왕이 15세가 되고 철종의 삼년상을 벗게 될 1866년에 대비하여, 대원군은 전년 세밑부터 왕비감 물색에 본

---

16) 실제로 조선의 국왕은 중국이나 일본의 왕들처럼 天子의 지위에 있지 않았으며 절대적인 권력을 갖고 있지 않았다. 더군다나 조선의 국왕은 중국 황제에 예속되어 있었기 때문에 그의 합법성은 약할 수밖에 없었다. 게다가 중앙집권화 된 정부 구조는 양반 귀족들에 의하여 국왕의 권위에 오히려 제약을 가하는 장치였다. 또한 귀족들이 국왕의 권위에 대한 규범적인 견제에 적용하는 수단으로 활용했기 때문에 국왕들은 유교 교리를 국왕의 권위에 상응하는 효율적인 도구로 사용할 수 없었다. 양반관료들은 국왕에게 권력을 자의적으로 행사할 권리를 초월하는 도덕적이고 윤리적인 규범을 따라야 한다는 것과 더불어 자신들이 간언할 권리와 국왕의 간언을 용납해야할 권리를 강조함으로써, 국왕을 그들 자신의 견해와 이해를 대변하는 꼭두각시로 낮추려고 했다.

격적으로 착수하였다. 후보자 선택에 있어서 그는 애당초 철칙을 세워놓고 있었다.

첫째로 처녀의 주변에 권력을 넘볼 인물이 없을 것, 둘째도 또 야심을 일으킬지 모르는 친족이 그녀에게 없을 일이었다. 그리고는 상것이 아니고 병약하지 않으면 족하였다. 척리의 부패정치를 싫도록 보아온 하응은 외척의 발호만은 철두철미 봉쇄할 방침으로 있었던 것이다. 그리하여 여주 산간의 사고무친한 소녀가 일약 한 나라의 여주인, 국모 자리에 오른다는 사태가 벌어졌다.[17]

흥선대원은 고종의 왕비감으로 군수 한번 지낸 일이 있었을 뿐, 그 뒤에 패가하고 상처하여 빈농으로 살다 죽은 민치록의 딸을 택한다. 대원군이 민치록의 딸을 왕비로 택한 것은 외척의 방해 없이 자신의 권력을 지속적으로 유지하려는 욕망에 기인한다.

하지만 민비는 흥선대원군의 뜻대로 살지 않는다. 그녀에게는 이미 학문을 통해 세상이치를 파악하는 능력이 갖추어져 있기 때문에 대원군의 뜻을 따를 때엔 결국 그녀에게는 아무것도 남지 않는다는 것을 알기 때문이다.

강신재가 『명성황후』에서 민비를 통해서 드러내려고 했던 것은 바로 외부환경에 굴종하지 않고 문제를 직시하며 상황을 바꾸어 나가려 하는 진취적인 여성상이다.

민비는 정권을 끝까지 내놓지 않으려는 흥성대원군의 속셈을 파악하고 고종의 마음부터 움직이기 시작한다. 고종은 당신 민비와 결혼을 하고서도 이 상궁의 처소에서 시침을 한다. 이에 민비는 고종의 마음에 있는 권력에 대한 욕망을 부채질 한다. 고종에게 권력에 대한 욕망을 부채질하는 것은 곧 흥선대원군의 쇄국정책과 반대되는 개화의 형식을 띤다.

"청국을 보아도 그렇고 지금의 말씀으로도 그렇삽고, 어디를 보나 한 나라

---

17) 앞의 책, 『명성황후』, 13~14면.

가 굳게 문호를 닫고 혼자만 지내지는 못할 세상이 오는가 하옵니다.”

　“아버님 곁에서는 그러한 생각 아무도 입 밖에 내지도 못하오.”

　“알아 있삽나이다. 하오나…….”

　하다가 중전은 표정을 고쳐 밝게 웃었다.

　“전화께서 집정하실 때쯤 하오면 모든 일이 더 잘 밝혀질 것이옵니다. 시방은 그저 아무렇다 한 내색을 마오시고 효도에만 힘쓰소서. 나머지는 소인이 모다 명심해 거행하겠나이다.”

　마음에 희망을 가진다는 것은 좋은 일이었다. 둘이서 같은 희망을 품고 있다는 것은 더욱 기쁜 일이었다.[18]

민비가 고종에게 권력에 대한 의지와 욕망을 불러일으키는 것은 곧 그녀 자신의 삶의 회복에 초점이 맞춰져 있기 때문이다. 이것은 고종이 이상궁에게만 빠져 자신을 거들떠보지도 않은 것에 대한 반발로 고종의 마음을 움직이기 시작한 것에서도 잘 나타난다. 이에서 보는 것처럼 민비의 성품은 감정적인 질투를 내보이기보다는 자신의 감정을 숨긴 채 이성적으로 행동하고 의도를 갖고 행동하는 지략가의 모습을 보여준다.

　‘내가 이리 고립해 있어 가지고는 아니 될 것이야.’

　하는 생각이었다. 이 상궁이 생남이라도 하고 곤전 자기가 슬하에 일 점 혈육을 두지 못할 경우 어이없는 신세가 되지 않으려면 사태를,

　‘전혀 다른 각도로부터…….’

　즉 정치적으로 다루어야 하리라는 일이었다.

　그녀는 자기 주변에 도움이 되어줄 만한 사람이 있다면 그것은 누구일까 궁리해 보았다.

　(생략) “만약에 무슨 일로 내가 배척을 당하게 되는 때는 오라버님도 척리다 하여 같은 변을 보오시오. 운현궁의 처남이신 일은 이미 가리어 간데없으니 오직 중전의 본곁으로만 오라버님은 시방도 장차도 계시는 것이오.”[19]

---

18) 위의 책, 170면.

19) 위의 책, 117~120면.

민비는 자신의 소외된 위치를 정확히 간파한다. 그리고 그것을 정치적으로 다루어야 한다는 판단을 한다. 즉 이상궁이 지니고 있는 미모와 감성을 유지시키되 무엇보다 고종에게 무엇보다 현실적인 문제일수 있는 왕의 권력에 대한 의식을 부추기는 것이다.

민비의 권력에 대한 획책으로 고종의 마음은 움직이고 민비에게 점점 마음을 연다. 이 때 민비는 지극히 여성적인 모습으로 고종을 맞이한다. 그러나 고종이 민비에게 마음을 열수 있었던 것은 민비가 고종의 심리를 파악하고 왕에 대한 감추어진 욕망을 읽었기 때문이다. 사고무친으로 아무런 권력의 뒷받침이 없었던 민비가 흥선대원군을 철퇴시킬 수 있었던 것은 이와 같은 지략과 사람의 심리를 읽어내는 능력 때문이다. 홍성대원군의 부인 부대부인은 사고무친인 민비를 위해 자신의 동생인 최승호를 민치록의 가계로 사양자 시키고 결혼을 시켰다. 그러나 민비는 고종의 심리를 이용해 자신의 편으로 삼은 것처럼 최승호에게도 동일하게 자신을 두둔하는 것만이 살길임을 인지시키며 권력에 대한 욕망을 부추겨 부대부인과 대원군을 져버리게 한다. 이와 같은 방법은 민비는 수많은 자신의 친족들을 정계에 들여놓게 하고 자신의 편으로 삼는다. 민비가 권력을 추구하는 것은 왕에게서 소외당하고 권력의 그늘로 소외당하지 않고 살기위한 열망에 의해서이다. 그러나 고종을 통하여 정권을 잡은 민비는 이제 소외에서 벗어나 자신의 존재감을 찾는 것에서 한발 벗어나 있다. 권력을 소유하였을 땐 권력의 속성은 그 권력을 유지하기 위해 어떠한 수단과 방법을 가리지 않게 만든다. 민비가 환경에 굴복하지 않고 자신을 지켜내기 위한 수단으로 선택한 것은 권력을 소유하는 것이다. 또한 그러한 권력을 지속시키는 방법은 바로 죽음의 방식이다.

따라서 민비가 추구하는 권력은 기호체계에서 실체계의 의미로 정신적인 실체가 된다. 이러한 정신적인 실체는 역사를 움직이게 하는 원동력이 된다.

그러나 역사를 움직이는 원동력이 권력을 통해서 이어지고 있다는 것은 역사라는 실체가 허구화된 권력에 의지해서 이어져 오는 것이기에 역사 또한 허구화되어 있음을 뜻한다.

민비가 추구하는 권력의 과정은 크게 두개의 방식으로 이루어진다.

첫 번째는 왕위찬탈을 위한 쟁투의 기표는 투기로 시작해 보복을 하는 죽음의 방식으로 나타난다. 두 번째는 외국 세력에 개방하고 균형감각을 갖는 정치적인 수완의 방식이다. 죽음의 방식은 권력을 방해하는 인물들을 제거하는 방식이고 개방적인 정치수완은 시대를 읽고 적절하게 행동하는 모습이라 할 수 있다.

그러나 민비가 권력을 추구하게 되는 것은 왕의 여인 이상궁에 대한 투기로 인해 시작된다.

> 중전은 그렇게 그녀의 설익은 지식과 상상이 가져오는 장면 때문에 몸부림이 쳐지는 고통을 맛보았다. '마지못하시어 서온돌에 듭시는 날……' 잠시 애무의 시늉을 하다 집어치우는 상감의 기분을 지금은 너무도 또렷이 알 수 있었다. '내가 중전이라고 앉아 가지고……' 그 상감에게 전에 가져보지도 않던 격렬한 집착을 느끼는 동시에 상대편인 여자에게는 '죽여서 갈기갈기 찢어놓고 싶다!' 포악한 증오를 중전은 느꼈다. '투기다. 이것이 바로 투기로다.' 그녀는 자기를 속이려 하지 않았다.(89면)
> (생략) 지옥의 겁화(劫火)속에 앉아 있는 듯한 고통의 날들이 계속되었다. 그녀는 저 자신과 싸웠다. 가슴을 태워 붕괴시키려는 질투의 불길과 싸웠다. 이 상궁과 운현궁이라는 외부 세계에의 적의와 싸웠다. 상감의 야속함에 대한 슬픔과도 싸웠다.[20]

민비는 왕이 아끼는 여인인 이상궁에 대한 이야기를 들은 후 자신의 위치에 대해 자각을 한다. 국모인 상태에서도 왕에게 총애를 받지 못한다는 것은

---

20) 위의 책, 101면.

권력에서 소외되어 있음을 뜻한다. 민비가 권력을 지향하게 되는 근본적인 원인은 왕에 대한 질투 때문이다. 질투의 감정은 곧 민비의 순수한 모습을 붕괴시키고 소외된 형식에서 권력을 추구하는 여성으로 변화시킨다. 민비의 질투심은 이상궁이 완화궁을 생산하고 이 상궁에게는 귀인의 첩지가 내리면서 더 깊어진다. 그러나 민비는 '지금은 졌다'라고 생각하지만 기품을 잃지 않았다. 민비가 마침내 고종의 마음을 사로잡는 방법은 세상이 돌아가는 현상을 이해하였기 때문에 가능한 것이다.

> 하나는 반발한 유생들이 전라도 광양의 감영을 습격한 일이었고, 다른 하나는 정덕기 같은 사기한이 군을 모아 고성의 현감을 살해한 사건이었다. 둘 다 소규모의 반란으로 곧 진압이 되어 대원군은 개의치도 않았으나, 중전 민씨는 이때 마침내 눈이 뜨였다고 생각하였다. '상감께 정치적 관심을 가지시게 하자. 국내의 혼란은 다시없는 호재로다.' 애정의 문제에 있어서 사람이 어느만큼 잔인할 수 있는지 그녀는 이제 모르지 않았다. 그리고 초조하면 결정적으로 패배한다는 일도.21)
> '중전 그 사람, 슬기롭고 아무 일이나 해내고 말 기백을 지녔으니 가상치 아니하랴.' 임금의 중전을 보는 눈은 날로 달라졌다. 여색 한 가지를 가지고 육박해 올 줄밖에 모르는 이 귀인이 비로소 저 밑창에 자리해 마땅한 아낙네라 생각도 들기 시작했다. 일구월심 미태를 보이려는 그 한 생각, 결국 매양 성희(性戱)로 시작해서 성희로 끝나는 만남. 상의 중궁전각 행차는 잦아졌다. 오랫동안씩 이 귀인의 일을 잊어버렸다.22)

민비가 국모로써 권력을 얻을 수 있는 방법은 권력을 지니고 있는 왕의 마음을 얻는 방법으로만 가능한 일이다. 그러나 고종 또한 진정한 의미의 권력을 소유하지 않았기에 민비는 고종의 마음을 사로잡은 후 고종의 마음에 잠재되어 있는 욕망을 부추기면서 권력을 추구하게 만든다.

---

21) 위의 책, 160면.
22) 위의 책, 172면.

민비가 권력에 대한 욕망을 부추겨 고종을 자신의 편으로 만들어 놓은 다음 해야 할 일은 홍성대원군의 권력을 빼앗는 일이다. 민비는 홍선대원군이 서원철폐를 함으로서 많은 유생들의 반란을 사고 있다는 일과 일본에서 정한론이 일어나고 있다는 정치적인 혼란을 이용하여 기회를 잡는다. 민비는 국왕의 친정이 선포되는 날 대원군이 대궐에 들어가지 못하도록 무력으로 저지시킨다.

강신재는 궐에서 이루어지는 생존의 방식을 권력을 소유한 것과 그렇지 않은 것 등 두개의 극단적인 상황으로 바라본다. 궐에서 권력을 소유했다는 것은 곧 생존과 안위가 보상되는 것을 의미한다. 그러나 그렇지 않을 때에는 죽음의 결과만이 돌아온다. 따라서 어린나이에 아무것도 몰랐던 여주촌의 민치록의 딸인 민비가 궐에 들어와 생존할 수 있는 방식은 권력을 획득하는 방식으로밖에 진행될 수 없고, 그것을 방해하는 세력은 죽음의 방식으로 제거되어야 하는 필연성을 가지고 있다.

민비는 독특한 정치수완과 예민한 감각을 지니고 있다. 민비는 다가오는 외국세력들 사이에서 그들의 목적과 관계의 판도를 정치적인 감각으로 제대로 읽어 내면서 조정이 보여줘야 하는 정치적인 자세가 어떤 것인지를 잘 알고 있다. 또한 홍선대원군을 고립시키고 그 반대 세력을 포섭해 자신의 편으로 만드는 것에도 커다란 정치적인 관록을 보여준다. 민비에 대한 평가는 역사가마다 다르고, 강신재 또한 그녀의 권력지향적인 모습과 방법에 전적으로 긍정하는 것은 아닐 것이다. 그러나 강신재가 민비를 통해 보여주고자 했던 것은 한 여성의 내부 속에 움직이고 있는 열정의 소용돌이이고, 자신을 넘어서 한 나라를 휘두를 수 있는 능력에 있다. 따라서 정치적인 국면에서 민비의 역사적인 위치가 다양하게 조명되고 있지만, 무엇보다 강신재가 주목한 것은 순종과 희생을 강요하는 외부환경에 고무되지 않고 그것을 적극 활용하여 자신의 발판으로 삼아낼 줄 아는 여성의 인식에 초점이 맞춰져 있다.

가부장적 전통적 사회체제는 유교를 이상으로 삼았던 조선시대에서부터 내려왔다. 유교주의는 사람들의 의식 속에 깊이 박혀 움직일 수 없는 이상처럼 되어왔다. 그러나 민비는 유교주의나 어떤 형식적인 굴레가 자신을 가둬놓고 희생을 강요하는 것을 용납하지 않는다. 일례로 왕의 사랑을 받았던 이상궁이나, 장상궁을 궐 밖으로 쫓아내는 모습은 투기라는, 유교정신에 입각했을 때는 배척받아야 할 것이지만, 오히려 이들을 죽임으로써 형식적인 법칙을 조롱하기 때문이다. 따라서 민비를 통해 보여주고자 한 것은 유교주의라는 남성중심의 가부장적 지배체제의 허구와 실체를 보여주고 그로 인해, 전통적인 가치체제에 대한 절대적인 신봉과 신념을 배타적으로 극복하려는 의식을 나타낸 것이다. 또한 조선시대라는 전통적 가치체제가 지배하는 시대의 인물인 민비에 대한 의식의 재조명은 커다란 의미가 있다.

즉 민비가 권력을 획득함으로 대원군은 권력을 잃게 된다. 결국 민비와 대원군의 판도는 왕권을 지니고 있는 고종을 소유하느냐 그렇지 않느냐로 나누어진다. 그러나 권력에 대한 욕망은 고종으로 하여금 민비쪽으로 기울게 만들지만 고종은 결국 민비의 권력 안에서만 안위하게 된다. 또한 대원군과 민비의 관계는 시아버지와 며느리라는 순종의 관계에 국한되어있다. 그러나 그러한 순종의 관계가 결국엔 며느리의 입장은 소외시키고 대원군의 권력을 독주하게 할 때에는 더 이상 존재의 이유가 없어지는 것이다. 이에 민비는 자신과 왕의 권력을 획득하기 위해 어떤 전통적인 가치체제에도 순종하지 않고 대원군을 무력으로 밀쳐낸다.

그것은 유교주의라는 남성중심의 형식적 지배체제는 이미 조선시대부터, 그 이전에서부터 허구화되었음을 뜻한다. 결국 강신재 소설에서 전통적인 가치체제라는 것은 기득권자들이 자신의 권력을 유지시키기 위한 하나의 방편

일 뿐이라는 것이 드러난다. 그러므로 강신재가 주목하는 것은 기득권적 권력을 독점하고 유지시키는 지배세력에 대해 형식적인 지배체제를 강요당하는 것에 대항하는 여성의 새로운 의식과 변모에 대한 재인식인 것이다.

그러나 궐내에서 살아남기 위한 권력 추구의 형태를 띤 생존의 방식과 자아추구의 방식은 결코 긍정적이진 않다. 결국 민비는 외국세력의 권력추구과정에서 죽음을 맞이해야 했기 때문이다. 권력을 통한 자아추구와 생존의 방식은 결국 또 다른 권력의 희생이 될 수 있다. 그러나 궐내에서 왕권을 향한 암투에서 살아남고 자신의 능력을 발휘할 수 있는 방법은 결국 권력의 추구의 방법이외에는 있을 수 없는 한계를 지니고 있다. 따라서 궐내에서 민비가 보여주었던 외교적인 정치수완과 왕권의 소유는 그녀의 능력에 대한 검증이며 자아실현의 요소를 지니고 있으나, 권력의 추구 방식으로 자아를 추구하기 때문에 진정한 의미에서 자아실현은 이루어지지 못한다.

4) 진정한 의미의 자유와 자아의식

강신재 소설 『신사임당』[23]은 『명성황후』의 민비처럼 전통적 사회체제에서 한발 벗어나서 자신만의 고유한 세계를 지향하는 신사임당이 등장한다. 민비가 궐내에서 궐내의 권력과 싸워서 자아실현을 추구하는 여인이라면, 신사임당은 궐 밖 일반 사람들의 의식구조와 대립되면서 자신의 세계를 추구한다고 할 수 있다. 강신재는 사람의 타고난 자질과 이에 작용하는 환경의 관계를 사임당의 생애를 두고 생각하는 중에 그녀의 실상이 마음속에 떠올라 주었다고 한다. 강신재는 사임당과 민비를 통해 외부환경에 맞서고 극복하는

---

23) 강신재, 『소설 신사임당/문정왕후 아수라』, 한벗, 1987.

여성의 자유로운 정신을 그려내면서 기존의 관습과 대립되는 진정한 의미의 자유와 자아의식을 고취시키는 모습을 보여준다.

신사임당이 글을 읽고 수묵화를 그리며 자신의 세계를 추구하며 그 시대의 체제와 다르게 살아가는 모습을 보여준다. 그러나 이러한 모습은 그녀의 부모 신명화와 이씨부인의 영향력이 크다고 할 수 있다. 이씨는 신명화와 백년가약을 맺은 다음 초라한 기와집에서 얼마를 살다가 어머니 최씨가 아프다는 소식을 듣고 북평촌 자신의 집으로 가서 다시 내려오지 않은 일이 있었다. 이때 시아버지인 신숙권의 병세도 악화되어 있는 상태였기 때문에 신명화는 부인이 북평으로 갈 것을 예상하지 못했다. 그러나 무남독녀인 이씨는 북평촌에 돌아갔고 어머니의 병환이 나았음에도 다시 시집에로 돌아오지 않기로 마음먹는다.

> '이제 한 마디 의논하고 싶은 말씀은 우리 부득이 나뉘어 있어 서로 각각 어버이를 모셔 지내는 것이 어떠하오리까?' 듣고서 명화는 경악하였다. 놀라움이 너무 커, 한동안 머릿속의 혼란을 수습하지 못하였다. 첫째로 그녀는 시어머니를 모시지 않겠다는 것이고 둘째로는 내외가 별거를 해 각기 따로 지내자는 이야기를 한 것이었다. 그리고 그것은 의논이나 제의라기보다는 선언처럼 단호한 의사표시로서 말하여졌다. 그녀의 눈에서 이제 눈물은 한 방울도 흐르고 있지 않았다.(생략) 두루 그를 해친 것은 그녀의 그 확고한 자기중심의 관념이었다. 그는 부부라는 관계를 더 부드럽고 향기롭고 따뜻한 것이라고만 믿어 왔었다. 자기를 희생하고 상대방을 사랑하는, 그런 것이라고만 믿어 왔었다. 당신 형편이 어떻든 나는 친정을 떠나기 싫소, 소리를 아내로부터 들을 줄은 몰랐었다. 지금은 완전히 할 말을 잃고 망연히 그는 앉아 있었다. [24]

이씨는 무남독녀로서 자신을 의탁하는 부모에게 자신이 의지가 되어야 한

---

24) 위의 책, 27~28면.

다고 생각한다. 그러나 신명화는 이씨가 이미 출가를 하였고 아버지 신숙권이 돌아가시고 어머니 홍씨만이 있으니 한성에 돌아가야 하지 않겠냐고 말한다. 또한 북평촌에는 영감마님이 나란히 함께 계시고, 넓은 집과 하인도 있으니 걱정할 것이 없지 않느냐고 설득한다. 신명화가 무엇보다 경악할 일은 며느리로서 시어머니를 모시지 않겠다는 것과 남편과 별거를 하며 지내자는 발상에 있다. 그 시대의 관념으로는 이러한 제안은 받아들일 수 없는 것이기 때문이다. 신명화의 충격은 그녀의 그 확고한 자기중심적 관념이었다. 신명화의 생각에 부부관계는 서로를 희생하고 상대방을 사랑하는 지극히 자기희생적인 사랑을 그려왔지만 이씨는 신명화의 생각과 다른 모습을 보여준다. 이씨는 자신의 감정에 충실한 모습을 보여준다. 어머니가 아프다는 이유로 친정집에 돌아갔지만 부모님만 놔두고 다시 돌아오고 싶어 하지 않는 것은 자연스러운 감정이다. 이것으로 남편에게서 버림을 받을 수도 있지만 이씨는 부모를 택하고 그곳에 남는다. 비록 시부모에 대한 효에서 멀리 어긋나있고 남편을 하늘처럼 섬겨야 하는 유교의식에서 멀어져있지만 이씨의 결단은 그 나름대로의 이유와 진실이 담겨있다. 이에 신명화는 그런 부인을 그대로 용납하며 장인 이 사온이 마나님 최씨를 진심으로 위하며 살아온 것처럼 이씨만을 바라보며 사랑하는 모습을 보여준다. 이씨에 대한 사랑은 이씨가 아들을 낳지 못하고 딸만 다섯을 낳았음에도 변하지 않는 모습을 통해 잘 나타난다. 신명화는 이씨의 자기중심적인 태도에 경악을 하지만 그 모습을 그대로 용납하며 그녀의 의견과 제안을 수렴하며 한성집과 북평집을 오고 간다.

이렇게 북평촌 중심으로 돌아가는 가계는 신사임당과 이원수에게도 그대로 나타난다. '신사임당 또한 결혼 후 오랜 기간 친정과 그 밖의 땅에 있어 시집살이의 질곡을 면하였고, 정신과 시간의 전부를 남편 시중에 바쳐야 한다는 통례를 거의 완전히 깬 생활을 하였기 때문이다.

그녀는 상당히 많은 시간을 자신의 세계를 가지며 살았다. 사임당이 자신의 세계를 가질 수 있었던 것은 '희유의 재능도 재능이거니와, 양육 훈도의 힘도 힘이려니와, 구속 없이 호흡할 수 있는 자유로운 대기(大氣), 이것이야말로 무엇인가의 눈부신 개화(開花)를 위한 필요 불가결의 조건이라는, 명백한 하나의 증좌가 아닐 수 없다.' (30)와 같은 다재다능한 재능 때문이다. 그러나 무엇보다 신사임당이 자신의 세계를 가지며 살수 있었던 것은 이원수와 결혼하였기 때문에 가능한 것이었다. 이원수는 신명화가 사임당을 위해서 정한 배필이다. 이원수는 자신이 남자임에도 '여자는 집 안에서 남편 보비위만 하는 것이 제일이라는 논지'에는 저항을 느꼈다. '그의 딸 사임당은 적어도 그 같은 삶의 형태는 취하지 않을 것이었고, 그것은 그녀가 다른 무릇 여성들보다 다른 뛰어나 자질을 타고난 것을 알았기 때문이다.'(94)

> '어디서 합당한 신랑감을 구해 내나.'
> '신랑자가 지나치게 똑똑만 해서도 아니 될 것이야.'이것은 그가 마음 속 깊이 확신하고 있는 조목이었다. 똑똑하여서 자기 주만이 강하면 인선이는 설 자리를 찾지 못할 것이다. 그럴 경우 그녀의 재간이나 의욕은 스스로에의 독침(毒針)의 역할밖에 하지 않을 위험이 크다. '평생 아내의 뒤를 받쳐주고 군소리 없이 위해 줄 인물이 과연 세상에 있을런가.' 내가 그랬듯이 말이야, 하고 그는 속으로 덧붙인다. 아니, 그가 그리 하였던 것보다 더 순하고 더 참을성 있는 남편일 필요가 아마 있을 것이었다. 그 자신의 아내 이씨는 최소한 예술가는 아니었다. '시방 세 없고 넉넉지 못한 것은 좋으나 가문은 훌륭해야만 할 것이고 ─ ' '또한 물론 몸 든든해야 하겠고 ─ '25)

신명화는 딸의 재능을 위해서 평생 아내의 뒤를 받쳐줄 수 있는 신랑감을 염두에 두다가 이원수를 만난다. 이원수는 뼈대는 양반에 속하지만 누대 이렇다 할 벼슬을 한 이도 없고, 오로지 적빈에 시달리며 살아왔고 부친 이 천이 연

---

25) 위의 책, 92면.

산 12년에 작고한 뒤로는 매양 고달픈 형편에서 벗어나지 못하고 있는 상태였다. 이에 이원수는 인선과 혼인을 하지만 신명화는 결혼에 앞서 조건을 건다. 그것은 혼인을 하더라도 당분간 떠나보내기가 어렵고 친정에 두어야 한다는 조건이었다. 신명화가 죽은 후 사임당은 아버지의 삼년상이 돌아온 해, 서울의 시모에게 신혼례를 드리기로 한다. 그러나 사임당은 친정인 북평집에서 자유롭게 책을 읽고 그림을 그리는 것을 하지 못하자 병들기 시작한다.

> 다시 한 가지 그녀에게는 그녀 자신이 의식하는 것보다 몇 곱 심각한 고뇌거리가 있었다. 책도 읽을 수 없고 그림도 못 그리고, 글씨를 펼쳐 볼 틈사이도 없다는 현실이 그것이었다. 그 일은 신행 전에 어느만큼 각오했던 바이기는 하였으나 이토록 철저히 차단된 세계일 줄은 짐작을 못하였다. 그렇게 할 시간도 없고 명분도 없고, 요컨대 그것은 정신 나간 여자 아니고는 감히 생각도 않을 바램이었던 것이다. 그리고 그것은 그 시점 그 환경에서 너무나도 당연한 이치였던 고로, 사임당은 불만이라 의식도 하지 못하는 상태에 어느덧 파묻혀 들어가 있었다. ― 부덕의 화신같이 생활하고 있는 그녀의 잠재된 격정은, 때문에 절망적이고 파괴적인 힘을 가지고 내공할밖에 없었다. ― 사임당도 병들었다.[26]

그녀에게 잠재된 격정은 절망적이고 파괴적인 힘을 갖고 그녀 자신을 병들게 만들기 시작한다. 자유에 대한 본능, 억압에 대한 저항의식은 열정과 격정을 지닌 그녀로서는 감당하기 어려운 질곡이다.

사임당은 시집에서의 생활이 자신과 세계에 대해 철저하게 차단된 세계라는 것을 깨닫지만 그것은 그 시대에서 당연한 이치였기 때문에 어떤 돌파구도 찾아내지 못한다.

> 가사(家事)라고 하는 단순 노동은 그녀를 한없는 초려 속에 몰아넣곤 하

---

26) 위의 책, 127면.

였었다.

> 그녀는 자수고 바느질이고 음식 장만이고, 빼어나게 훌륭히 해낼 솜씨도 가지고는 있었다. 누구보다 재바르게 누구보다 아름답게 해낼 재간이 없지 않았다. 그녀를 괴롭힌 것은 그 유형성(類型性), 아무리 잘 해 보아야 어떤 독창적인 것도 끼여들 자리가 그닥 없다는 바로 그 점이었다. 그 작업으로 시종하고 있자면 그녀는 거의 목을 졸리는 것 같은 고통을 느꼈다. 그런 뜻에서 지금 그녀는 행복하였다.[27]

그녀는 일상생활에서 요구하는 모든 일들을 아주 잘 해낼 수 있지만 어떤 독창적인 것도 끼여들 자리가 없는 유형성을 견디지 못해한다. 사임당에게 있어 삶의 의미와 가치는 곧 자신만의 독창적인 세계를 추구하는 것에서 느낄 수 있는 것이다. 그러나 사임당은 일상생활에 파묻혀 그러한 삶을 실현할 수 없기에 점점 소진해가게 된다. 이에 이원수가 아내의 쇠약의 원인을 추측하고 어머니 홍씨를 설득하여 파주에 있는 율곡리에서 수양하도록 하게 한다. 이에 사임당은 다시 그림을 그리며 자신의 세계를 추구할 수 있게 된다. 이원수는 장인 신명화와 마찬가지로 아내를 위해주고 이해해준다. 이러한 남편의 도움이 있었기에 사임당은 자신의 세계를 끝까지 그려낼 수 있었던 것이다.

그러나 이원수가 대화리 산골 외딴 집의 과부와 외도를 한 것을 알게 되면서 사임당 또한 다른 여자처럼 투기를 느끼며 이원수와 어느덧 남남의 마음이 되어있음을 깨닫는다. 이 일을 겪은 후 그녀의 내면생활에 변화가 오는데, 그것은 그녀가 그림을 통해 보여주고 추구하려던 세계, 즉 그녀가 나아가고자 하는 세계를 의미한다.

> 생명. 생명이라고 하는 이 아지못할 개체(個體). 그것은 본질적으로 아무 것과도, 누구의 그것과도 융화될 수 없는 물건이었다. 애정도, 그로 인한 슬픔도 기쁨도 오직 그 고립성위에만 존립하는 것이었다. 개체로서의 그 절

---

27) 위의 책, 131~132면.

대성은, 인간이 어리석어 대충 잊고 지내지만, 자기로서는 더 진작 인식을 했어야 올았을 일이었다. 그녀의 예술은 직업적인 본격성을 다시 한 단계 뛰어넘었다. 그것은 무엇보다도 그녀의 살아 있음의 표현이어야 했고, 생명의 절규, 그 연소 승화의, 명백히 자각된 결과일 필요가 있었다. 인선은 그랬다. ─ 작자의 부질없는 과장이나 감상을 통해서가 아니라, 생명체를 포촉하는 눈의 예리 심각함이 가져다주는 감동인 것이다. 율곡리 시절의 포도 그림의, 선명하다 못해 영롱한 약동감은, 그것이 정물(情物)이매 더욱 경탄할 미(美)에의 찬가였으나, 이 물새는 좋고 나쁜 모든 조건을 피할 수 없이 한 몸에 안고 있는 생물이었다. 보는 이를 가슴 저리게 하는 것은 생물 자체가 본래 지니는 슬픔인 것이었다. 그 무거움도 아픔도 쓸쓸함도, 또 사소한 기쁨이나 절망까지도 모두 한데 포괄한…….28)

사임당을 통해 강신재가 추구하는 세계는 개체로서의 절대성이다. 인간은 본질적으로 아무것과도, 누구의 그것과도 융화될 수 없는 존재이다. 사임당은 이원수의 외도로 커다란 고통을 경험하였지만 그것에 머물지 않고 그녀 자신만이 이를 수 있는 고독과 고립의 절대적인 경지에 다다랐다. 이러한 고독한 정상은 곧 생명의 절규와 생명의 연소, 생명의 승화가 이루어낼 수 있는 것으로, 명백히 자신의 고독을 마주하고 절대적인 정신을 자각했을 때 일어날 수 있는 결과이다. 이에 사임당은 남편에 대한 투기의 감정을 그녀 자신이 살아있음을 표현하는 그림을 그리며 극복한다. 이러한 절대적인 고독은 결국 인간의 무거움, 아픔, 쓸쓸함, 사소한 기쁨, 절망까지 모두 포괄한 예술의 경지로 표상된다. 사임당은 인간의 피할 수 없는 질곡에서 개체로서의 절대성을 깨닫고 인식하며 그녀만의 기쁨과 고통이 충만한 세계를 모두 포용하며 생명감 있는 그림을 그려내게 된 것이다. 이에 사임당은 어떤 것에도 얽매이지 않고 자신의 작품을 성공적으로 계속해서 제작해낸다.

---

28) 위의 책, 153~154면.

예술은 그녀의 것이었다. 그것은 생명의 근원적인 깊이에서 그러하였다. 자녀들과 남편도 그녀의 것이었다. 그녀는 그들을 사랑하였음으로 하여 그 일은 그러했고, 때문에 그녀는 모든 정성을 여기에도 쏟아 부었다. 모자란 자에게는 체념을 가지고, 자질이 아름다운 자에게는 감사와 기쁨으로.[29]

사임당이 예술의 경지에 이른 것은 고통과 기쁨을 아우르는 인간의 삶을 포용하였기 때문이다. 그녀의 의식은 어떤 제도적인 법칙에도, 사람에게도 얽매이지 않으려는 절대 자유의 정신을 추구하였고, 절대 개체가 가질 수 있는 고독한 경지를 깨달았다. 사임당의 의식은 일상생활의 유형성과 대립되면서 진정한 의미의 가치와 의의를 획득한다. 또한 여성이 지향해야할, 인간이 본연적으로 지향해야 하는 정신은 자신과 조우하는 절대정신인 셈이다. 따라서 신사임당을 통해 강신재가 보여주려고 한 것은 자신과의 절대적인 만남의 의미이다. 자신과의 본연의 만남에서부터 자아는 진정 자유로울 수 있는 힘을 얻을 수 있으며, 이 세상의 모든 아픔과 기쁨을 아우를 수 있는 사랑을 얻을 수 있기 때문인 것이다.

---

29) 위의 책, 155면.

결 론

　강신재 소설은 가부장적 지배가치에 대한 여성의 사회적 인식을 기초로 서술된다. 지배적 가치 체제는 사회적 약자인 여성을 억압하고 소외시키는 기제로 작용한다. 따라서 지배적 가치의 불합리 속에서 여성적 자아는 새로운 가치에 대한 열망과 조짐을 조심스럽게 보여준다. 그러나 이러한 의식과 열망은 어떤 뚜렷한 의식의 성찰의 형식으로 사건중심으로 나타나는 것이 아니라 여성적 화자나 여성 주인공의 의식의 흐름을 통해 드러난다. 그러나 이러한 조짐과 열망은 근, 현대적 여성의식구조를 이루는 단초가 되면서 여성적 자아의식과 정체성 회복에 커다란 계기를 마련한다.

　여성의 사회적 인식은 먼저 남성과의 관계에 대한 성찰로 시작된다. 그것은 남성이 지배사회의 허구를 인식할 수 있는 일차적인 대상이 되기 때문이다. 여성은 남성과의 관계를 통해 가정과 사회 안에서 놓여있는 여성의 불합리한 위치를 깨닫게 된다. 기존 지배사회의 가치에 대한 불복종과 일탈은 기존 사회체제의 해체와 전복을 전제로 이루어진다. 따라서 여성의 사회적 인식문제는 여성적 자아 회복과 새로운 사회체제를 지향하는 강한 의식을 내포한다.

　그러나 여성의 변모되는 의식은 남성이 그러한 변화를 인식하고 수용할 때 진정성을 회복할 수 있다. 남성 또한 여성과 마찬가지로 허구적인 현상으로 남아있는 지배가치의 종속에서 벗어나 변모되는 현실을 직시하고 받아들일 때, 남성 또한 진정한 의미에서 주체성을 획득하고 진정한 주체로 살아갈 수 있는 것이다.

강신재 소설에서 남성과 여성의 관계는 기존의 전통적 질서와 가치 안에서 이루어진다. 그러나 사회적 환경 변화하고 혼란이 가중됨에 따라 남성의 위치와 역할이 불안정하게 변하고 그에 따라 여성의 자아의식과 사회적 지위도 점차 변화해간다. 이때 여성의 의식은 현가치 체계를 스스로 진단하게 되는데 그것은 바로 무의미 즉 허무주의를 표방한다. 여성이 자아의식을 회복하고 자신의 정체성을 찾아나가는 모습은 가해자인 남성에 의해 분열을 겪는 것이 아니라 적극적으로 반응하는 모습을 띠어야 한다.

강신재 소설에 나타난 기존의 사랑의 방식과 남성들에 대한 인식은 부정적 의식으로 점철된다. 남성들은 기존의 담론체계에서 전통적 도덕과 가치로 여성들에게 권력을 행사하는 존재이기 때문이다. 남성에 종속된 여성의식은 점차 주체적인 자아의식을 형성하고 아울러 삶의 방식에서도 독립된 형태를 나타낸다. 이는 강신재 소설의 배경이 되고 있는 전근대와 현대적 의식이 혼융된, 과도기적 의식세계 구조를 이원론적 세계의식으로 잘 나타낸 것이다.

그러나 강신재 소설에서 새로운 의식을 지향하는 여성의 대부분이 정상적이지 못한 직업과 생활 형태를 가지고 있다. 이처럼 의식적으로 앞선 여성의 직업과 생활 형태가 소외된 형태를 지니고 있는 것은 아직까지 기존의 통념 아래 지배되어온 사회가 새로운 가치체계와 의식구조를 받아들이려 하지 않는 것을 뜻한다. 그럼에도 이들의 역할이 사회의 기본 단위인 가족관계에서 긍정적으로 그려지고 있는 사실은 곧 기존의 사회제도에 대한 모순과 불합리를 드러낸 것이다.

5·60년대는 6·25 전쟁을 배경으로 이데올로기 혼란과 전통적 가치관의 붕괴, 자본주의 유입이라는 이념적, 사회적 혼란의 양상을 갖는다. 사회적 혼란과 가치관의 혼란은 다양한 세계의식을 지닌 인물들을 양산한다. 그러나 이러한 첨예한 혼란 속에서도 여성과 남성의 의식구조와 대처방법은 다르게 나타난다. 남성은 이념지향적 인물로 이념의 허구적인 특성으로 이상적인 상태에 도달하지 못하고 이념이 가지고 있는 폭력성과 부정적인 모습에 오히려 희생된다. 확고한 이념적 의미와 가치가 사회적 합의하에 재성찰되기 전까지 이념의 형식은 하나의 폭력이 될 수 있다. 그러나 대부분의 경우 여성들은 전쟁의 보조자 또는 후방의 지원자로 기억되어왔다. 그것은 여성을 불완전한 존재로, 즉 남성의 보조자로 각인시켜 영원히 타자에 머물게 하는 성(性)권력의 배치 때문이다.

그러나 전쟁과 사회적 현실에서 불완전한 존재인 여성은 점차로 자신이 지니고 있는 가치의 허구성을 이해하고 진정한 가치를 지향한다. 남성들이 이념의 대립으로 끝없는 피해를 가져온다면 여성들은 이념의 한계를 넘어 휴머니즘적 사랑의 방식으로 자아를 회복하고 현실의 문제를 극복하려 한다. 여성들의 조금씩 변모해가는 의식은 현재 진행 중인 과정을 그저 '반영'하기만 하는 것이 아니라, 의식을 감싸고 있는 전체 역사의 상황을 바꾸어놓는다. 여주인공들의 작은 의식의 변화는 곧 자신의 정체성을 찾아나가는 도정으로 그려지면서 기존사회의 체제를 조금씩 전복하며 여성의 위치를 회복해나가는 조짐이 된다.

또한 사랑의 방식에서 여성이 추구하는 사랑의 방식은 이상적이면서 인간적인 형태로 인간적인 면모를 상실한 남성의 세계를 회복하고 감싸 안는다. 이념을 초월한 여성의 희생적인 모습과 봉사는 전쟁의 참상에서 잃어버린 인간성을 되찾고 회복하는 휴머니즘적 사랑의식을 고취시킨다.

강신재는 여성을 주인공으로 삼은 역사소설에선 소설의 반사회적인 형식으로 인하여 여성의 정체성을 찾는 것에 관심을 갖고 있고, 여성의 사회적 지위에 근본적으로 관심을 갖는다. 전통적 사회구조와 지배계급에 억압된 여성 인물의 내면 심리와 자유의식과 그러한 세계의식을 극복하려는 의식세계가 소설의 중심이 된다.

강신재 역사소설에 나타난 여성은 크게 기존의 형식대로 권력을 추구하여 권력을 소유하려는 여성상과 전통적인 사회구조를 초월하여 자신만의 독자적인 삶을 향유하려는 여성상으로 나누어진다. 그러나 두 유형 모두 자신의 억압된 상황에서 자유를 누리고 정체성을 회복하고자 하는 모습의 반증이라고 생각한다. 강신재가 주목하는 것은 기득권적 권력을 독점하고 유지시키는 지배세력에 대해 형식적인 지배체제를 강요당하는 것에 대항하는 여성의 새로운 의식과 변모에 주안점이 있다.

강신재는 사임당과 민비를 통해 외부환경에 맞서고 극복하는 여성의 자유로운 정신을 그려내면서 기존의 관습과 대립되는 진정한 의미의 자유와 자아의식을 고취시키는 모습을 보여준다.

사임당이 예술의 경지에 이른 것은 고통과 기쁨을 아우르는 인간의 삶을 포용하였기 때문이다. 그녀의 의식은 어떤 제도적인 법칙에도, 사람에게도 얽매이지 않으려는 절대 자유의 정신을 추구하였고, 절대 개체가 가질 수 있는 고독한 경지를 깨달았다. 사임당의 의식은 일상생활의 유형성과 대립되면서 진정한 의미의 가치와 의의를 획득한다. 즉 여성이 지향해야할, 인간이 본연적으로 지향해야 하는 정신은 자신과 조우하는 절대정신인 셈이다. 따라서 신사임당을 통해 강신재가 보여주려고 한 것은 자신과의 절대적인 만남의 의미이다. 자신과의 본연의 만남에서부터 우리는 진정 자유로울 수 있는 힘을 얻을 수 있으며, 이 세상의 모든 아픔들과 기쁨들을 아우를 수 있는 사랑을 얻을 수 있기 때문인 것이다.

　지금까지 여성의식의 관점으로 강신재 소설을 살펴보았다. 전쟁을 전후해 쓰인 강신재 소설은 5·60년대의 가치관의 혼란과 파탄된 현실을 잘 보여준다. 그러나 강신재 소설에서 보여 지는 여성인식은 강신재 소설이 갖고 있는 세련된 구조와 수려한 문체로 오히려 그러한 문제인식을 읽어내는 데 어려움을 주었다. 강신재 소설을 읽다보면 세련되고 도회적인 느낌으로 인해 소설이 갖고 있는 절박함을 놓치고 말기 때문이다. 그러나 그녀의 소설에는 일괄적으로 흐르는 현 사회에서 여성적 존재에 대한 깊은 고뇌와 아픔이 담겨있다. 그녀가 말하고 싶은 것은 사회의 가치 속에 함몰되는 여성적 자아의 회복과 주체성의 문제이다. 또한 여성의 자아회복 문제는 전적으로 인간성 회복의 문제에 의식이 닿아있다.

　본 논의는 강신재 소설에 드러난 여성의식을 중심으로 연구하였다. 그러나 연구하는 과정에 여성의 관점에서 논의하다보니 전통적 지배가치체제의 부정적인 면에 편향된 한계가 있었음을 시인한다. 또한 남성을 지배적 가치의 이데올로기로 제한시켜 논의함으로써, 전쟁의 피해자인 남성의 의식과 가치의 문제에 대해선 깊이 논의하지 못한 점을 아쉽게 생각한다. 그러나 지배적 가치체제의 붕괴아래에서 여성적 가치의 열망과 조짐을 해석하는 것은 남성중심으로 이루어지는 지배가치의 문제점이 전제되었을 때에 이루어질 수 있다. 따라서 지배체제에 대립하는 여성적 자아의 새로운 열망과 조짐들은 지배체제에 대한 문제를 인식하고 새로운 길을 모색해 나가는 데에 하나의 방향으로 설정되는 의의를 갖는다.

참고 문헌

1. 연구 소설

· 강신재, ≪젊은 느티나무≫, 민음사, 1995.
·   , ≪戲畵≫, 啓蒙社, 1950년 작품.
·   , ≪파도≫, 大文출판, 1970.
·   , ≪光海의 날들≫, 창공사, 1994.
·   , ≪명성황후≫, 태일출판, 1994.
·   , ≪소설 신사임당/문정왕후 아수라≫, 한벗, 1987.

2. 참고도서

· 막스 베버, ≪支配의 社會學≫, 한길사, 1981.
· 나병철, ≪모더니즘과 포스트모더니즘을 넘어서≫, 소명출판, 2001.
· 강운석, ≪한국 모더니즘 소설 연구≫, 국학자료원, 2000.
· 강영계, ≪니체, 해체의 모험≫, 고려원, 1995.
· 이홍균, ≪소외의 사회학≫, 한울, 2004.
· 오생근·윤혜준 공편, ≪성과 사회≫, 나남신서, 1998.
· 김치수, ≪문화과 비평의 구조≫, 문학과 지성사, 1984.
· 이임하, ≪여성, 전쟁을 넘어 일어서다≫, 서해문집.

· 서동수, ≪전쟁과 죽음의식의 미학적 탐구≫, 새문사, 2005.

· 게오르게 리히트하임, ≪루카치≫, 시공사, 2001.

· 김종호, ≪실존과 소외≫, 성대출판부, 1980.

· 칸트, ≪순수이성비판≫, 홍신 문화사, 1993.

· 현길언, ≪소설을 어떻게 읽을 것인가≫, 나남출판, 1997.

· Georges Bataille, 조한경(역), ≪에로티즘≫, 민음사, 1997.

· 이종영, ≪사랑에서 악으로≫, 새물결, 2004.

· Max Weber, ≪Law in Economy and Society≫, (Cambridge : Harvard Univ Press), 1954.

· 에리히 프롬, ≪불복종에 관하여≫, 범우사, 1996.

· 이홍균, ≪소외의 사회학≫, 한울아카데미, 2004.

· "The Concept of Power" Behavioral Science 2, 1957.

· 로제 다둔, ≪에로티즘≫, 철학과 현실사, 2006,

3. 참고논문

· 고 은, <실내작가론>, ≪월간문학≫, 1969, 11.

· 구인환, <한국 현대여류작가의 기법>, ≪아세아여성연구≫, 1970.

· 조연현, <강신재 단상>, ≪현대문학≫, 1960, 2.

· 강인숙, <한국현대여류작가론>, ≪현대문학≫, 1968.

· 김주연, <한국현대여류작가론>, ≪현대문학≫, 1988, 1.

· 양윤모, <전쟁과 사랑을 통한 현실인식>, ≪1950년대의 소설가들≫, 나남, 1994.

· 김종욱, <황량한 날에도 꿈꾸는 낭만적 사랑>, ≪젊은 느티나무≫, 소담, 1994.

· 정규웅, <내밀한 조화의 세계>, ≪문학사상≫, 1975, 1.

· 송인화, <1960년대 여성소설과 '낭만적 사랑'의 의미>, ≪여성문학연구 제 11
  호≫, 한국여성문학학회, 2004.

· 이정희, <1950년대 여성작가 연구>,경희대, 1994, 8.

· 이선미, <한국전쟁과 여성가장: '가족'과 '개인' 사이의 긴장과 균열>, 여성문
  학연구 제10호≫, 2003.

· 강만길, <세계의 문학>, ≪세계의 문학 18호≫, 1980, 겨울.

· 신봉승, <역사소설연구>, ≪경희어문학 6집≫, 1982.

· 황석영, <역사소설의 문제점>, 한국일보, 1976, 1.

· 정윤기, <역사소설의 방법론 연구>, 건국대 석사논문, 1982.

· 오창은, <역사소설과 역사적 시간의 재구성>, ≪비평의 모험≫, 실천문학사,
  2005.

· 송백헌, <역사와 역사소설>, ≪문학마당≫, 2006, 9.

· 강신재, <이별, 구원 그 이력>, ≪현대문학≫, 1971, 6.

· 서동수, <1950년대 소설에 나타난 죽음의식 연구>, 건국대 박사논문, 2004.

· 김윤선, <1920년대 한국 소설에 나타난 성담론 연구>, 고려대학교 박사, 2001.

· 박미선, <강신재 소설 연구>, 경희대, 석사논문, 1996, 2.

· 최명숙, <강신재 전후 단편 소설 연구>, 경원대 석사논문, 1999, 12.

· _____, <강신재 소설에 나타난 여성의식>, ≪경원어문논집 제 5집≫, 2002, 3.

· 이다영, <1950년대 강신재 소설연구>, 연세대 석사, 1995.

· 이수훈, <조선시대의 권력구조에 관한 연구>, 1996, 창원대 석사논문.

· 송재영, <역사소설에의 문제제기>, ≪문학사상39≫, 문학사상사, 1975.

· 하재연, <한국근대역사소설연구>, 광운대 석사, 1995.

· 고명철, <역사소설의 새로움을 위한 진통>, ≪비평과 전망≫, 2005 하반기.

· 김지현, <국내 유교자본주의 논쟁에 대한 비판적 성찰>, 한림대 석사논문,
  2005, 8.

· 박수미, <강신재 소설에 나타난 소외의 양상 연구>, 울산대 석사논문, 2005, 6.

· 김미현, <서정성·감각성·여성성>, ≪페미니즘과 소설비평≫, 한길사, 1997.
· 장세진, <'아비부정', 혹은 1960년대 미적 주체의 모험>, ≪1960년대 소설의
　근대성과 주체≫, 상허학회, 2004, 2.